Richtig gut kochen!

Martina Meuth

Bernd Neuner-Duttenhofer

Richtig gut kochen!

Das Begleitbuch zur WDR Servicezeit: Essen & Trinken

Redaktion der Sendung: Rainer Nohn

vgs EGMONT

Bibliografische Information Der Deutschen Bibliothek
Die Deutsche Bibliothek verzeichnet diese Publikation in der Deutschen Nationalbibliografie; detaillierte bibliografische Daten sind im Internet über http://dnb.ddb.de abrufbar.

verlegt durch EGMONT Verlagsgesellschaften mbH;
Gertrudenstraße 30-36, 50667 Köln

Agentur: WDR mediagroup licensing GmbH

Redaktion: Petra Flocke
Bildredaktion: Cindy Witt
Lektorat: Katharina Tilemann
Umschlaggestaltung und Layout: Metzgerei Strzelecki, Köln
Bildnachweis:
Umschlagfoto vorne und Foto S. 195: Luca Siermann
Umschlagfotos hinten: Martina Meuth
Videograbs: Imhoff Realisation,
hergestellt von Openedit
Bilder S. 12/13; 22/23; 34/35; 42/43; 50/51; 58/59; 68/69; 78/79; 88/89; 98/99; 106/107; 114/115; 124/125; 134/135; 142/143; 150/151; 158/159; 172/173; 182/183; 192/193: Martina Meuth

Satz: Achim Münster, Köln
Produktion: Susanne Beeh
Druck: Firmengruppe APPL, aprinta druck, Wemding
ISBN: 978-3-8025-1753-2

www.vgs.de

Inhalt

Vorwort

„Richtig gut kochen!" haben Martina und Moritz als Titel ihres Buches gewählt, in dem die Rezepte der WDR-Sendereihe Servicezeit Essen & Trinken aus dem Jahr 2007 aufgegriffen und mit Zusatzinformationen, Tipps und warenkundlichen Erläuterungen angereichert werden.

Dieses Motto ist Programm: Um richtig gut kochen zu können, braucht es Erfahrung, handwerkliches Geschick und Kreativität. All das bringen die beiden mit und überzeugen damit seit Jahren ihr Publikum – nämlich Sie!

Denn Sie haben sich für dieses Kochbuch entschieden und sicher Ihre Gründe dafür. Sie bekommen hier Anregungen, Tipps und Ideen für Ihre eigenen kulinarischen Erlebnisse. Ja, es ist immer wieder ein Erlebnis zu erfahren, ob das, was man sich vorgenommen hat, gelingt, und auch anderen gefällt – in diesem Fall: schmeckt.

Mit der Zeit werden Sie immer mehr Erfolgserlebnisse haben, weil Sie selbst neue Erfahrungen machen, das Handwerk und die Organisation der Küchenarbeit beherrschen lernen und auch Neues ausprobieren. Sie werden sich nicht sklavisch an die vorliegenden Rezepte halten, sondern hin und wieder variieren und sich vom eigenen Geschmack leiten lassen. Dann erst stellt sich das Vergnügen ein, das beim Kochen einfach dazugehört.

Viele Fernsehzuschauer haben Spaß an den TV-Kochshows, die wie Pilze aus dem Boden geschossen sind. Kochen und das Reden darüber ist unterhaltsam. Der Spaß, den unsere Köche in ihrer Küche haben, lässt sich jedes Mal bei ihren Sendungen miterleben. Sie necken sich schon mal und ziehen einander liebevoll auf.

Aber die Show ist ihre Sache nicht. Sie bevorzugen die klare, deutliche und nachvollziehbare Kochanleitung. Das haben sie jahrelang so praktiziert, ohne aber belehrend zu sein.

Als ich vor zehn Jahren die Redaktion der Sendung übernommen habe, wusste ich das Kochduo bereits zu schätzen. Schließlich war es von meinem Kollegen Dieter Stobbe 1988 „entdeckt" worden und ein weiterer Kollege, Peter Meimeth, hat es vor mir redaktionell betreut. Er hat auch das ein oder andere Gericht der Sendung ausprobiert. Das passierte schon mal auf einer Kochplatte im Nachbarbüro – und wir durften testen…

Ich wusste von Anfang an, mit welchem Engagement und welcher Freude am Kochen die beiden zu Werke gehen und sich gegenseitig wunderbar ergänzen.

Ihre Kochkunst kommt wahrlich von Können, denn sie haben hunderte von Rezepten ausprobiert und mit ihrer eigenen Note versehen. Das schätzen offensichtlich auch die Zuschauer, denn die Sendereihe ist ein Erfolgsprogramm im WDR-Fernsehen und bei den übernehmenden Sendern.

Im Laufe der Jahre ist die Sendung eine „Marke" geworden, wie wir Fernsehleute sagen. Das freut mich als Redakteur natürlich besonders. Ich bin aber auch sehr zufrieden, weil die Sendung immer Aspekte wie Gesundheit, Umweltbewusstsein und Nachhaltigkeit berücksichtigt. In unser redaktionelles Konzept passt, dass die Köche vorwiegend Produkte aus der Region, der Saison und aus Bio-Betrieben verwenden. Die Zubereitung unseres Essens fängt mit der Herkunft der Lebensmittel an. Da lohnt es sich, ein bisschen über den Tellerrand hinauszuschauen.

Wenn Sie sich von unseren Köchen anleiten lassen, werden Sie Ihre eigenen Lebensmittel gezielt aussuchen und verwenden. Und wenn Sie mit dem Ergebnis Ihrer Nahrungsbeschaffung zufrieden sind, dann werden Sie damit richtig gut kochen können!

Viel Spaß dabei wünscht Ihnen

Rainer Nohn
Redakteur Servicezeit: Essen & Trinken

Richtig gut kochen!

Ob etwas richtig gut gekocht ist (also perfekt gegart, harmonisch gewürzt, schön anzusehen), oder schlecht (zu stark gebraten, gar angebrannt, bis zum Zerfallen übergart oder versalzen) – das lässt sich sicher unterscheiden. Aber kann man tatsächlich objektiv von guter, sehr guter oder gar richtig guter Küche sprechen?

Wir meinen: Ja! Dazu nur ein Beispiel, das wir in unserem Toskana-Buch von 1987 beschrieben haben: „Wenn Roberta den Nudelteig bereitet, holt sie eine riesige Schüssel voll Mehl, schlägt in eine Kuhle in der Mitte die gewünschte Zahl von Eiern hinein, rührt und knetet den Teig so lange durch, bis er kein Mehl mehr annimmt – wie viel Mehl pro Eigelb, weiß sie nicht. Wozu auch? Sie weiß aber, wie elastisch der Teig sich anfühlen muss – und dafür braucht man je nach Jahreszeit, Feuchtigkeit und Qualität des Mehls unterschiedlich viel. Neues Mehl wird erst wieder in die Schüssel gefüllt, wenn der Boden sichtbar wird. So einfach ist das." Das Beispiel zeigt, dass Wissen, Erfahrung und Fingerspitzengefühl nötig sind, um etwas richtig und gut zu machen. Und es offenbart eine Binsenweisheit: Richtig gut kochen kann nur, wer weiß, wie das Ergebnis auszusehen und zu schmecken hat.

Den richtigen Umgang mit Lebensmitteln, eine fundierte Warenkunde: gutes Kochen hat früher fast jedes weibliche Familienmitglied gelernt – zu Hause. Das Speisenangebot war begrenzt, die Zubereitungsarten übersichtlich, die Garmethoden ein festgeschriebener Katalog. Zweifel kamen nicht auf, man lernte beim Zuschauen, Mitarbeiten, Nachmachen zu Hause, bei der Mutter, der Tante, der Oma. Aber für die meisten ging es im 19. Jahrhundert nur darum, mit billigsten Mitteln viele Münder zu stopfen. Keine Chance, kulinarisches Qualitätsbewusstsein zu entwickeln.

Das 20. Jahrhundert brachte große Umbrüche: Erster Weltkrieg, Hungersnot, Inflation, Arbeitslosigkeit, Kanonen statt Butter, Zweiter Weltkrieg, wieder Hunger, Vertreibung. Hunger wurde zum besten Koch, Qualität ein irrwitziger Begriff, Ersatz und Improvisation waren gefragt. So ging in zwei Generationen fast das komplette Wissen um die Qualität der Zutaten, die richtige Vor- und Zubereitung von Produkten, die passenden Garmethoden, um gutes und richtiges Kochen verloren.

Mit dem Wirtschaftswunder wurden die Menschen wieder satt, doch Quantität kam vor Qualität. Toast Hawaii wurde zum Inbegriff einer weltläufig „feinen" Küche. Die Industrie brachte immer mehr und immer weiter vorgefertigte Speisen auf den Markt, und so manche Hausfrau befand, sie habe gekocht, nachdem sie ein Tiefkühl-Gericht in der Mikrowelle aufgetaut und erwärmt hatte. Die McDonaldisierung der Jugend vollendete die Katastrophe: Simpler Einheitsgeschmack wurde das Ideal, nicht seine individuelle Ausprägung und Freude an Abwechslung.

Glücklicherweise entwickelt sich der Trend seit geraumer Zeit in eine andere Richtung: Bio ist angesagt, Qualität wieder gefragt, die exzellent ausgestatte Küche nicht mehr nur Statussymbol, sondern Ort kulinarischer Kreativität und vergnüglicher, oft geselliger Kocherei. Ansprüche werden gestellt, man weiß über die neuesten Sterne-Restaurants Bescheid, besucht Seminare von namhaften Kochkünstlern und erweitert seine Kochbibliothek. Kochshows verzeichnen höchste Einschaltquoten, auf allen Kanälen wird gebruzzelt und gebraten, dass es nur so qualmt. Kochen ist zum Kult geworden. Wird jetzt in Deutschlands Küchen besser, richtiger, sogar richtig gut gekocht? Oder ist es so, wie Zyniker behaupten: „Man schaut sich an, was andere Tolles kochen und haut sich eine Fertig-Pizza rein – und glaubt womöglich, man habe selbst eine kulinarische Leistung vollbracht!"

Nein! Wir wissen, dass Sie, liebe Leserin und lieber Leser, die Sie dieses Buch erstanden haben, die Sache anders angehen! Sie wissen, dass wir nicht müde werden, zu erklären, was ein gutes Produkt ist und wie man es in der Küche behandeln muss, damit daraus ein erfreuliches Resultat entsteht. In diesem Sinne empfinden wir uns als die Nachfahren jener Mütter, Tanten und Omas, die einst die Aufgabe wahrnahmen, den jungen Menschen ihr durch ständiges Lernen, kritisches Nachprüfen, Verändern und Verbessern, kurz: durch Erfahrung erworbenes Wissen und Können weiterzugeben. Wir versuchen nicht nur zu retten, was in der Vergangenheit (fast) verloren gegangen ist, sondern auch Wissen um die unendlich vielen neuen Produkte auf unseren Märkten zu vermitteln, (man denke nur an das riesige Angebot einst unbekannter mediterraner oder asiatischer Lebensmittel und Rezepte!) und mit den Erkenntnissen der Ernährungswissenschaft und der Medizin zu verknüpfen. Wir wollen mit moderner Küchentechnik die Arbeit leichter machen, die Rezepte an unsere veränderten Lebensumstände anpassen, die einen geringeren Kalorienbedarf und daher eine leichtere Küche verlangen, ohne dass dabei die charakteristischen Grundstrukturen der Speisen verloren gehen.

Kurz – wir versuchen, zu zeigen, wie man richtig gut kocht und freuen uns, wenn wir solche Komplimente bekommen, wie dieses von Christa Lohmeier: „Die Koch‚show' mit Martina und Moritz ist für mich seit Jahren die beste, die es gibt: unterhaltsam, sachlich, nicht hektisch – und es werden ‚kochbare' Rezepte gezeigt." Das wollen wir gern weiter tun!

Ihre Martina (Meuth) & (Bernd) Moritz (Neuner-Duttenhofer)

Ravioli & Co.

Ravioli & Co:

Von Maultaschen und Teigtäschchen

Teigtäschchen liebt man in vielen Küchen rund um den Erdball. Und überall sind sie ähnlich: In einer Hülle aus dünn ausgerolltem Nudelteig – mal eckig, mal rund, zum Hütchen gebogen, als Dreieck oder Beutel – stecken die unterschiedlichsten Füllungen. In den klassischen Maultaschen ist es meist eine Mischung aus Hackfleisch und Kräutern oder Spinat. In den italienischen Ravioli kann sich alles Mögliche verstecken, von der süßlich-pikanten Kürbis- bis zur cremigen Ricotta-Schinken-Füllung. Und natürlich gibt es Teigtaschen auch in den Küchen Asiens: Besonders beliebt sind zarte Wan Tan.

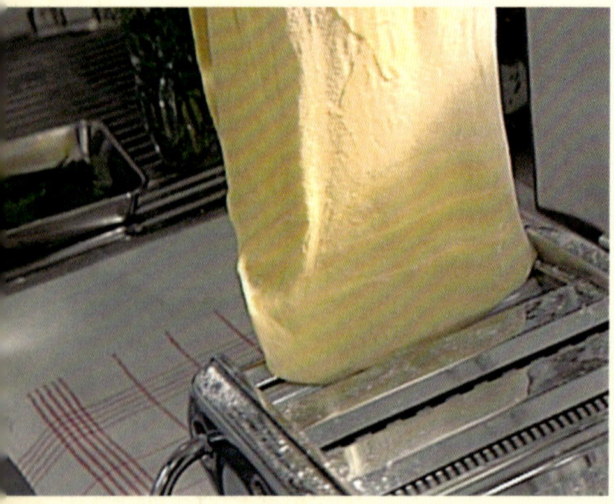

Die Hülle für die Fülle

Man muss den Teig für die Hülle nicht unbedingt selber machen. Allerdings ist gekaufter Teig von der Rolle immer ein wenig dick, auch wird an Eiern darin gespart und manche enthalten Konservierungsstoffe. Dicker Teig ergibt derbe Taschen. Je dünner ausgewalzt und je zarter der Teig, desto delikater werden sie. Anders die zu Quadraten zugeschnittenen Teigblätter, die man im (Tief-)Kühlregal im Asienladen findet, sie sind papierdünn und für Wan-Tan-Täschchen perfekt.

Es ist keine große Schwierigkeit, den Nudelteig selber herzustellen. Am einfachsten geht das mit der Hand, so hat man die Konsistenz des Teigs im Griff, und außerdem sind die Hände schneller gewaschen als die Küchenmaschine gespült. Ideal zum Ausrollen ist eine Nudelmaschine, zwischen deren Walzen der Teig zum durchscheinend dünnen Band ausgewalzt werden kann.

Grundmuster für Teigtaschen

Natürlich gibt es unzählige Möglichkeiten, Teigtäschchen zu formen und zu verschließen – vor allem in der italienischen Küche. Ob quadratische Ravioli (unterschiedlichster Größe), runde Tortelli, riesige Tortelloni, winzige Tortellini oder zum Hütchen geschlossene Cappellacci – jede Region hat ihre ureigene Form und Füllung. Schwäbische Maultaschen indes können rechteckig, quadratisch oder – wenn mit einer Tasse ausgestochen – sogar halbmondförmig sein. Und bei den fertig gekauften handelt es sich heutzutage kaum mehr um richtige, rundum geschlossene Taschen, sondern nur noch um flach gedrückte, mit Füllung bestrichene Teigrollen.

Im Prinzip ist es gar nicht kompliziert, hübsch regelmäßige Teigtäschchen selbst herzustellen. Die Bänder, die die Nudelmaschine produziert, geben das Maß vor: Sie werden auf der Arbeitsfläche ausgebreitet – es empfiehlt sich, sie zuvor ein wenig antrocknen zu lassen, zum Beispiel auf einem bemehlten großen Tuch ausgebreitet, dann kleben sie nicht mehr so leicht aneinander – und mit Eiweiß eingepinselt. Zwingend nötig ist Letzteres nicht, man könnte stattdessen auch Wasser nehmen, die Täschchen hielten auch so. Allerdings muss man in diesem Fall extrem penibel arbeiten und vor allem rasch, mit dem Eiweiß als Klebstoff hat man es leichter.

Anschließend die vorbereitete Füllung unterhalb der Mittellinie des Teigbands teelöffelweise nebeneinandersetzen. Dann die freigelassene obere Hälfte vorsichtig über die Füllung legen und rundum sorgsam festdrücken. Alle Luft muss dabei hinaus, sonst dringt beim Kochen Wasser in die Hülle ein. Für große Teigtaschen die Füllung esslöffelweise genau in die Mitte des Teigbands platzieren, mit einem zweiten Teigband bedecken und rundum festdrücken.

Am Ende werden die Teigtaschen/Ravioli ausgeschnitten. Mit dem Messer oder einem Teigrädchen, das mit seinem gezackten Rand die Täschchen nicht nur an den Schnittkanten zusammendrückt, sondern auch einen dekorativen Zackenrand hinterlässt. Zuvor entlang den Schnittkanten den Teig rund um die Füllung zusammendrücken.

Hart- oder Weichweizen? Das richtige Mehl

Unser normales Haushaltsmehl wird aus Weizen gemahlen, sogenanntem Weichweizen. In Italien wird die trockene Pasta aus Hartweizen produziert, einer besonders hochwertigen Weizensorte, die nur in heißen, trockenen Gegenden gedeiht und ein Mehl ergibt, das vergleichsweise wenig Kleber enthält. Für Eiernudelteig nimmt auch eine italienische Hausfrau normales 405er Haushaltsmehl. Hartweizen, der eher in der industriellen Nudelherstellung Verwendung findet, ist für die Verarbeitung mit Eiern weniger gut geeignet, der Teig wird dann zu fest. Damit der Nudelteig aber auch mit Weichweizen angenehm festen Biss bekommt gibt eine italienische Hausfrau reichlich Eigelb hinein: Es verleiht dem Teig Festigkeit, während das Eiweiß für die nötige Bindung sorgt.

Nudelteig für Teigtaschen

ZUTATEN

Für sechs bis acht Personen:

500 g Mehl
4-6 ganze Eier
2 Eigelb
1/2 TL Salz
1-2 EL Olivenöl
eventuell 1 kleines Gläschen lauwarmes Wasser

1 Das Mehl auf die Arbeitsfläche häufen und in die Mitte einen ausreichend großen Krater drücken. Die Eier sowie das zusätzliche Eigelb hineingeben und Salz darüberstreuen.

2 Zuerst mit einer Gabel die Eier verquirlen und dabei immer mehr Mehl vom Rand untermischen. Schließlich mit den Händen weiterarbeiten, dabei das Mehl mit einem Schuss lauwarmen Wasser benetzen.

3 Den Teig durchkneten, bis er nicht mehr klebt und sich elastisch anfühlt. In einen Plastikbeutel gewickelt eine halbe Stunde ruhen lassen, damit sich der Kleber ausbilden kann und der Teig entspannt.

Ravioli mit Kürbisfüllung

Für Ravioli gibt es womöglich noch mehr Rezepte als für Maultaschen. Mit oder ohne Fleisch, mit Fisch oder Gemüse. Sehr pfiffig sind die Kürbisravioli, wie man sie in Norditalien liebt, in der Poebene und vom Piemont bis an die Adria. Die Kürbisfüllung wird mit bittersüßen Mandelkeksen (Amaretti) gebunden, das gibt den Ravioli eine ganz eigenwillige, typische Note.

1 Den Kürbis halbieren, die Kerne mit einem Löffel herausstreifen und wegwerfen. Das Kürbisfleisch in zwei bis drei Zentimeter große Würfel schneiden und auf einem großen Stück Alufolie verteilen. Den zerdrückten Knoblauch und die Chilischote zufügen und mit Salz und Pfeffer würzen. Nun die Ränder der Alufolie zusammenführen und zu einem Paket verschließen. Ca. 30 Minuten in den 220 °C heißen Ofen stellen, bis das Kürbisfleisch weich ist – dann lässt es sich ganz leicht mit einer Gabel zerdrücken. Dazu in eine Schüssel füllen, Eigelb, Parmesan und fein gehackte Petersilie sowie die zerbröselten Amaretti einarbeiten und kräftig mit Muskat und Balsamico abschmecken.

2 Den Nudelteig hauchdünn in etwa zehn Zentimeter breite Bänder auswalzen und mit Eiweiß oder Wasser einpinseln. Die Ravioli sollten nur halb so groß wie das Teigband sein: Deshalb die Füllung teelöffelweise auf einer Linie unterhalb der Mitte des Teigbands nebeneinandersetzen, die freie Hälfte darüberklappen und rund um die Füllung gut festdrücken. Mit einem Teigrädchen oder Messer Quadrate ausschneiden. In Salzwasser gar kochen – wenn sie oben schwimmen, sind die Ravioli fertig.

Servieren: Mit Pecorino oder Parmesan bestreut oder zusätzlich mit Salbeibutter beträufelt. Dafür die Butter in einer Pfanne hellbraun werden lassen, Pinienkerne sowie in Streifen geschnittene Salbeiblätter darin anrösten, bis sie duften.

GETRÄNK

Ein prickelnder Lambrusco, in diesem Fall passt der halbtrocken ausgebaute Wein einfach perfekt. Gekühlt in einem großen Rotweinglas serviert ist er ein verblüffend harmonischer Begleiter zur leicht süßlich-würzigen Kürbisfüllung.

ZUTATEN

Für sechs bis acht Personen:

1 Portion Nudelteig

Kürbisfüllung:
1 kleiner Hokkaidokürbis (dessen Schale man nicht entfernen muss) oder ca. 500 g Kürbisfleisch (ohne Schale)
2 Knoblauchzehen
1 Chilischote (frisch oder getrocknet)
Salz, Pfeffer
1 Eigelb
150 g frisch geriebener Pecorino oder Parmesan
Petersilie
3-4 Amaretti (Mandelkekse)
Muskat
Balsamicoessig

Zum Anrichten:
Salbeibutter
75 g Butter
50 g Pinienkerne
10 Salbeiblätter

Klassische Maultaschen

ZUTATEN

Für sechs bis acht Personen:

1 Portion Nudelteig
oder 1 Rolle fertiger Nudelteig

Füllung:
2 altbackene Brötchen
(es können auch Brezeln oder helles Graubrot sein)
ca. 1/8 l Milch
500 g Blattspinat oder 1 Paket TK-Blattspinat (300 g)
Salz
1 Zwiebel
1-2 Knoblauchzehen
2 EL Butter oder Olivenöl
Muskat oder Muskatblüte
1 Prise Cayennepfeffer
eventuell etwas abgeriebene Zitronenschale
500 g Hackfleisch (nach Gusto Rind oder gemischt mit Schwein)
2 Eier

Herrgottsb'scheißerle hat man sie früher in Schwaben genannt, weil die angeblich fleischlose, mit Spinat gefüllte Teigtasche die rechte Freitagsspeise war, und der Herrgott es durch den Teig nicht hat sehen können, dass sich zwischen dem Spinat auch Fleisch verbarg …

1 Brötchen (Brezeln, Brot) würfeln, in einer Schüssel mit heißer Milch benetzen und einweichen lassen. Spinat putzen, entstielen, gründlich waschen und schließlich in sprudelnd kochendes Salzwasser werfen. Eine Minute zugedeckt darin kochen, abgießen und abschrecken – das ist nötig, damit die Vitamine stabilisiert werden und die grüne Farbe erhalten bleibt. (Tiefgekühlter Spinat muss nur auftaut werden.) In beiden Fällen den Spinat mit dem Messer fein hacken.

2 Die Zwiebel fein würfeln, in heißem Öl (Butter) andünsten, am Ende den Knoblauch fein gewürfelt zufügen. Zum Spinat in eine Schüssel geben, salzen, pfeffern und mit Muskat oder Muskatblüte, Cayennepfeffer und Zitronenschale würzen.

3 Das Hackfleisch auseinanderpflücken und das ausgedrückte Brötchen sowie die Eier untermischen. Diese Farce gut durcharbeiten und sehr kräftig abschmecken.

TIPP

Man kann Maultaschen prima einfrieren, entweder schon fix und fertig gekocht, oder auch roh. Zunächst nebeneinander auf Klarsichtfolie, von der sie sich dann nach dem Einfrieren leicht ablösen lassen, damit man sie in Plastikdosen oder -beuteln luftdicht verpacken kann. Rohe Maultauschen auf keinen Fall vor dem Zubereiten auftauen, sondern gefroren ins leise wallende Salzwasser gleiten lassen, sonst wird der Teig schmierig. Bei den gekochten passiert das nicht.

4 Den Nudelteig hauchdünn in ca. zehn Zentimeter breite Bänder auswalzen und mit Eiweiß oder Wasser einpinseln. Kleine Häufchen der Füllung in regelmäßigen Abständen daraufsetzen, mit einem zweiten Teigband abdecken und rund um die Füllung gut festdrücken.

5 Mit einem Teigrädchen quadratische Maultaschen ausradeln. In leise sprudelndem Salzwasser ca. fünf Minuten ziehen lassen; wenn die Maultaschen oben schwimmen, sind sie gar.

Servieren: Entweder in einer kräftigen klaren Fleischbrühe, mit reichlich Schnittlauch bestreut. Oder in der Brühe mit gebräunten Zwiebelringen bedecken und zusammen mit Kartoffelsalat auftischen. Nichtschwaben können sie selbstverständlich ohne Brühe auf flachem Teller verspeisen, dazu passt dann ein gemischter Salat (zu dem auch ein Kartoffelsalat gehören kann).

GETRÄNK

Ein Wein aus Württemberg sollte es sein, entweder ein frischer Riesling oder ruhig auch ein kraftvoller Rotwein, zum Beispiel ein Lemberger.

Wan Tan

ZUTATEN

Für sechs bis acht Personen:

350 g Hähnchenbrust
1 walnussgroßes Stück Ingwer
2-3 Knoblauchzehen
1-2 frische Chilischoten
einige Stängel Koriandergrün
2 Frühlingszwiebeln
1 EL Speisestärke
1 EL chinesisches Sesamöl
1 EL Sojasauce
1/2 TL Zucker
Wan-Tan-Teighüllen aus dem Asienladen
eventuell 1 Eiweiß
Öl zum Frittieren

Sojasaucen-Dip:
1 Frühlingszwiebel
4 EL Sojasauce
2 EL milder Apfelessig
1/2 TL Zucker

Die hübschen Täschchen aus der chinesischen Küche sind schnell und mühelos gemacht: Die Teighüllen dafür kauft man fertig, es gibt sie im Kühlregal des Asienladens. Die Täschchen entweder in Brühe servieren, im Bambuskorb dämpfen oder im heißen Öl ausbacken: ein Gedicht!

1 Das Fleisch von Häuten und Sehnen säubern, längs in schmale Streifen schneiden, dann quer in Würfel. Jetzt alle übrigen Zutaten darauf verteilen: gehackten Ingwer, Knoblauch, Chili, Koriandergrün und Frühlingszwiebeln. Anschließend Speisestärke darüberstäuben, mit Sesamöl und Sojasauce beträufeln und den Zucker darüberstreuen. Dann alles mit einem großen Messer hackend zerkleinern und gleichzeitig mischen, bis eine duftende, fast musartige Farce entstanden ist. Gut abschmecken!

2 Jeweils einen Teelöffel davon in die Mitte jedes Teigblatts setzen, den frei bleibenden Rand der Teigfläche mit Eiweiß oder Wasser einpinseln, zusammenklappen und rund um die Füllung zusammendrücken. Nicht richtig verschließen, die Teighülle darf ruhig lose um die Füllung flattern.

3 Die Wan Tan werden entweder in Salzwasser, in Brühe oder über Dampf gegart. Oder in heißem Öl schwimmend knusprig ausgebacken.

BEILAGE

Dazu gibt's einen Sojasaucen-Dip mit Frühlingszwiebeln, in den man die Wan Tan mit den Stäbchen Bissen für Bissen hineinstippt – einfach die sehr fein geschnittenen Frühlingszwiebeln mit den übrigen Zutaten verrühren.

GETRÄNK

Hier passt ein Ingwertee ausgezeichnet: einfach pro Tasse 1 EL Ingwerwurzel, in Scheiben oder Würfeln, mit heißem Wasser aufbrühen. Fünf Minuten ziehen lassen und möglichst heiß trinken. Wirkt blutreinigend, belebend und antibakteriell.

Tortelli mit Ricotta & Speck

Ricotta ist ein aus der Molke hergestelltes quarkähnliches Produkt, das man in Italien am liebsten frisch verwendet und das aus einem kleinen, handwerklich arbeitenden Betrieb unvergleichlich köstlich schmeckt. Hierzulande bekommen wir Ricotta nur als industrielles Molkereiprodukt oder müssen es sogar durch Schichtkäse ersetzen.

1 Den Speck in feine Streifen schneiden und in einer beschichteten Pfanne behutsam anbraten – er soll sanft bräunen, aber nicht verbrutzeln. Petersilie fein hacken, mit Ricotta, Eigelb und geriebenem Käse gründlich mischen und mit Salz, Pfeffer und Muskat würzen. (Schichtkäse zunächst mit dem Pürierstab etwas glatter mixen oder durch ein Sieb streichen – er ist sonst zu bröckelig.)

2 Den Nudelteig in ca. zehn Zentimeter breite hauchdünne Bänder auswalzen und mit Eiweiß oder Wasser einpinseln. Die Ricottamasse teelöffelweise auf die untere Hälfte der Teigbänder setzen und die obere Hälfte darüberklappen. Den Teig um die Füllung herum fest andrücken und runde Teigtaschen ausschneiden. In Salzwasser gar ziehen lassen.

BEILAGE

Dazu passt Salbeibutter oder eine zart bitter-herbe Radicchiosauce: Dafür Zwiebel und Knoblauch fein würfeln und im heißen Öl andünsten. Chili zerkrümeln (falls getrocknet) oder fein würfeln und kurz mitdünsten, bevor der in Streifen geschnittene Radicchio zugefügt wird. Mit Brühe und etwas Weißwein ablöschen. Schmurgeln lassen, bis sich alles richtig verbindet. Zum Schluss mit Salz abschmecken.

Servieren: Die gesottenen Ravioli auf vorgewärmten Tellern anrichten, mit etwas geriebenem Parmesan oder Pecorino bestreuen. Die Sauce drum herum verteilen.

GETRÄNK

Ein frischer, ruhig etwas blumiger Weißwein, zum Beispiel ein Muskateller oder ein Sauvignon aus Südtirol.

ZUTATEN

Für sechs bis acht Personen:

1 Portion Nudelteig

Ricottafüllung:
200 g durchwachsener Bauchspeck in dünnen Scheiben
2 Bund Petersilie
500 g Ricotta
2 Eigelb
150 g frisch geriebener Parmesan oder Pecorino
Salz (wenig), Pfeffer
Muskat (oder Macis = Muskatblüte)

Radicchiosauce:
1 Zwiebel
2 Knoblauchzehen
2 EL Olivenöl
eventuell etwas Chili
1 Radicchiokopf
etwas Brühe
1 kleines Glas Weißwein
Salz

Unser täglich Brot

Unser täglich Brot

und die besten Aufstriche dazu

Sein eigenes Brot backen – das ist etwas Besonderes. So ein duftendes, noch warmes Brot, frisch aus dem eigenen Backofen macht immer Eindruck, seinem Reiz kann sich niemand entziehen. Und es ist nicht einmal besonders schwierig. Wer einen Hefeteig hinkriegt, der schafft es auch, ein gutes Brot zu backen, helles oder dunkles, ganz nach Gusto. Je nach Mehlsorte wird ein anderes Brot daraus: Für Baguette oder nach Olivenöl duftendes Ciabatta nimmt man ein herzhafteres Weizenmehl als für den sonntäglichen Hefezopf, ganz nach Belieben aus Weizen oder Dinkel. Für ein dunkles Bauern- oder Vollkornbrot verwendet man ein Weizenmehl mit höherer Typenzahl, oder man mischt es sogar mit dem noch herzhafteren Roggenmehl.

Ein Wort zu Hefe

Sie sollte frisch sein! Und nehmen Sie davon nicht zu viel, denn Hefe raubt Geschmack. Es genügt eigentlich stets die Hälfte der Menge, die üblicherweise bei uns in den Rezepten angegeben ist. Der Teig braucht dann ein bisschen länger zum Gehen, aber er wird kräftiger und besser schmecken!

Sauerteig

Er ist nötig als Triebmittel für Vollkorn- und Roggenmehlteige, die schwerer sind als Teige aus hellem Mehl. Hefe allein schafft es nicht, einen Vollkornteig zum Gehen zu bringen. Aber selbst Weißbrot schmeckt aromatischer, bekommt schönere Poren und wird saftiger, wenn man den Teig nicht nur mit Hefe ansetzt, sondern zusätzlich ein wenig Sauerteig zufügt.

Sauerteig-Ansatz kann man als Fertigprodukt kaufen, als Pulver oder flüssig im Plastikbeutel. Ihn selber anzusetzen ist absolut nicht schwierig, braucht aber Zeit (wie alle guten Dinge!): 1 Würfel Hefe, 1 Tasse Roggenschrot, 4 EL Joghurt, 1 EL Honig und $^1/_2$ TL Kümmel mit 1 Tasse warmem Wasser zu einem Brei rühren und gut zugedeckt an einem warmen Ort drei bis vier Tage gehen lassen. Das ist es schon: Dieser Sauerteig-Ansatz duftet wunderbar säuerlich und appetitlich frisch! Man gibt ihn gleich zu Beginn zusammen mit den anderen Zutaten zum Mehl in die Teigschüssel und verarbeitet alles zusammen zum Brotteig. Und dann: Bevor gebacken wird, nicht vergessen, eine kleine Handvoll davon abzunehmen, in ein Schraubglas zu füllen und bis zum nächsten Backen in den Kühlschrank zu stellen. Ein solcher Sauerteig wird von Mal zu Mal besser, aromatischer und wirksamer. Wer nicht regelmäßig backt und den Sauerteig deshalb eine Weile nicht braucht, friert ihn einfach ein!

Mehl und seine Typen

Unser normales Haushaltsmehl trägt die Bezeichnung Type 405. Diese Zahl bezeichnet die Ballaststoffe (Schalenbestandteile) und den Mineralstoffgehalt, gemessen am Gewicht der Asche, die übrig bleibt, wenn man ein Kilogramm Mehl verbrennt. Das blanke sogenannte Weißmehl enthält mit gut 405 Milligramm also ziemlich wenig an Schalenbestandteilen und Mineralien, während ein Mehl der Type 1050 mit 1,5 Gramm (= 1050 Milligramm) eine stattliche Menge davon liefert. Als Faustregel gilt: Je höher die Typenzahl, desto mehr Mineral- und Ballaststoffe enthält das Mehl. Es ist natürlich auch um so dunkler und herzhafter, und um so dunkler ist schließlich auch das Gebäck. Für Weißbrot oder andere salzige Bäckereien nimmt man gern Mehl Type 550, das sogenannte Brotmehl. Mit Mehl der Type 640 oder gar 812 gelingt ein etwas dunkleres Graubrot. Vollkornmehl trägt im Allgemeinen keine Typenzahl, weil das gesamte Korn vermahlen wird. Schließlich kann man auch Mehl der verschiedenen Ausmahlungsstufen mischen, um seine ganz persönliche Type zu erzielen.

Weizen, Dinkel und Roggen sind die Hauptgetreide, die man bei uns zum Brotbacken verwendet. Weizen und Dinkel sind problemlos zu verarbeiten, vor allem Dinkel ergibt dank seines besonders hohen Kleberanteils ein Mehl mit hervorragenden Backeigenschaften. Er wird hauptsächlich in der Bio-Landwirtschaft produziert und ist daher immer ein rundum ökologisch wertvolles Getreide von gutem Geschmack. Der herzhafte Roggen verfügt über wenig Kleber, das Mehl bindet schlechter, deshalb sollte man es immer mit Sauerteig ansetzen.

Und noch eins: Mit Sauerteig angesetzter Brotteig braucht erheblich länger, um zu gehen, sich zu entwickeln und zu reifen, bevor man ihn backen kann. In dieser Zeit werden unbekömmliche Inhaltsstoffe, die auch im Getreide stecken, umgewandelt, gewissermaßen entschärft, damit sie dem menschlichen Verdauungstrakt nicht schaden können. Es ist also eine sehr wichtige Phase bei der Teigherstellung,

die nicht nur dem Geschmack, sondern auch der Bekömmlichkeit und der Gesundheit dient. Wo Brot industriell, also aus Backmischungen und nicht mehr handwerklich erzeugt wird, erzielt man dunkle Brote stattdessen dank zugesetzter Farbstoffe, zum Beispiel mit Zuckerkulör.

Zeit ist Geld, wie wir alle wissen. Deshalb muss ein nach allen Regeln der Kunst produziertes Brot gutes Geld kosten. Das billige, aus Backmischungen hergestellte Brot taugt nichts!

Von Mehl, Dunst & Grieß

Der Ausmahlungsgrad sagt nichts darüber, wie fein oder grob das Mehl ist. Das erkennt man vielmehr an den Begriffen, mit denen es bezeichnet wird:

Mehl ist immer fein gemahlen. Man unterscheidet glattes Mehl (wie unser übliches Haushaltsmehl) und das ein wenig gröbere – man spürt es am Griff, deshalb – griffige Mehl, wie man es in Süddeutschland oder Österreich für Strudel oder Spätzle gerne nimmt. Doppelt griffiges Mehl, in der Fachsprache auch Dunst genannt, ist noch gröber, es weist eine deutlich spürbare Struktur auf. Und der noch gröbere Grieß spielt zum Backen bei uns keine Rolle, man verwendet ihn mehr für Cremes oder breiartige Speisen. Er wird übrigens aus dem vom Keimling befreiten Korn hergestellt, im Unterschied zum Schrot, der ebenso grob ist, aber aus dem gesamten Getreidekorn gemahlen wird.

Brotwürze

Ohne Salz schmeckt Brot so sprichwörtlich fad wie die berühmte Suppe, es gehört in ausreichender Menge einfach hinein (Ausnahmen bestätigen die Regel, wie beispielsweise das salzlose Brot in der Toskana, das trotzdem schmeckt!). Bei uns hat man den Brotteig zusätzlich immer gern mit Kümmel, Fenchel, Anis oder Koriander gewürzt. In Mode sind derzeit Brote, in die Nüsse, Samen oder auch andere geschmacksbestimmende Zutaten eingearbeitet sind. Zum Beispiel Oliven und getrocknete Tomaten im Ciabatta, aber auch Sonnenblumenkerne, Pistazien, Walnüsse, Mohn, Leinsamen oder Sesam. Statt mit Wasser kann man den Teig auch mit Joghurt, Molke, Sauer-

oder Buttermilch ansetzen oder überhaupt mit anderen Flüssigkeiten experimentieren (Tomaten- oder Sauerkrautsaft) – oder mit püriertem Gemüse, wie beispielsweise Kürbisfleisch, Zucchini oder Möhren.

Das Teigkneten

Eigentlich ist das Männersache, denn man braucht Kraft dafür. Aber wir haben ja heute Gottlob die Küchenmaschine, die diese Arbeit ohne Murren erledigt. Man darf allerdings nicht vergessen: Die Maschine erspart einem die Mühe, es dauert jedoch weiterhin seine Zeit, bis der Teig durchgearbeitet ist. Auch sollte man sie nicht überanstrengen und ihr eine zu große Teigmenge zumuten. Mehr als zwei Kilo schafft kaum ein Haushaltsgerät. Der Teig sollte auch nie zu fest sein, das könnte die Maschine übel nehmen.

Backen auf dem Stein

Professionelle Backöfen sind mit Schamotte ausgelegt, Stein, der die Hitze gut speichert und langsam, vor allem extrem gleichmäßig an das Brot abgibt. Es ist die konzentrierte, stabile Unterhitze des Steins, die dem Brot gut tut, dieser regelrechte Schub von Hitze hebt den Teig und gibt ihm gleich von Beginn an Stabilität und sorgt für ein schnelles Bräunen.

Manche Haushaltsbacköfen verfügen über einen solchen Backstein als Extra-Zubehör, auch Pizzastein genannt. Dabei handelt es sich um eine zwei bis drei Zentimeter dicke Schamotteplatte, die durch eine Heizspirale von unten beheizt wird und eine intensive Hitze im Ofenraum erzeugt. Ein Backblech ist dann überflüssig: Das Brot wird direkt auf den Stein geschoben. Einen solchen Schamottestein kann man sich beim Ofensetzer auf den eigenen Backofen zuschneiden lassen oder über das Internet beziehen (Suchbegriffe: Brotstein, Pizzastein, Backstein etc.).

Man legt diese Platte entweder direkt auf den Ofenboden oder auf einen Rost mit geringem Abstand darüber und muss sie zunächst durch intensive Unterhitze aufheizen. Nach einer Stunde hat sie genügend Hitze gespeichert und man kann damit im eigenen Backofen einen ähnlichen Effekt wie in einem Steinbackofen erzielen.

Grundrezept für Brotteig

ZUTATEN

Für zwei Schnittbrotlaibe,
4 Baguettes oder ca. 20 Brötchen:

1 kg Mehl (Type 550)
1/2 Würfel (20 g) Hefe
1 Prise Zucker
ca. 700 bis 800 ml lauwarmes Wasser
1 gehäufter TL Salz

für Pizza/Ciabatta:
2 EL Olivenöl

für Flammekuche:
1-2 EL Schweineschmalz oder Butter

Mit diesem Teig kann man helle Brote backen, schmale **Baguettes,** *kleine* **Brötchen** *oder elsässischen* **Flammekuche.** *Mit einem guten Schuss Olivenöl wird er zum Teig für* **Pizza** *oder* **Ciabatta.** *Wer bei den Mehlsorten variiert, erzielt mit entsprechendem Mehl von höherem Ausmahlungsgrad oder auch einer Mischung mit Roggenmehl herzhaftere Bauern- oder sogar Vollkornbrote.*
In jedem Fall muss der Teig gehen: eine, besser zwei Stunden in der warmen Küche, ruhig auch über Nacht, dann an einem kühlen Platz. Je mehr Zeit man dem Teig gibt, sich zu entwickeln, desto luftiger wird er, umso größere Poren zeigen sich später im Brot. Wer den Teig am Samstagabend ansetzt und über Nacht im Kühlschrank gehen lässt, hat zum Sonntagsfrühstück die besten, frischesten Brötchen der Welt!

1 Das Mehl in die Küchenmaschine füllen. Hefe mit der Prise Zucker in einer Tasse lauwarmem Wasser auflösen und mit Schwung ins Mehl kippen, damit sich die Flüssigkeit mit etwas Mehl vermischt. Zugedeckt zehn Minuten gehen lassen, bis sich Blasen bilden.

2 Die Maschine einschalten und bei langsamer Geschwindigkeit Salz (und wenn erwünscht Öl oder Schmalz) sowie das lauwarme Wasser in dünnem Strahl zufügen. Dabei verbindet sich das Mehl mit dem Wasser nach und nach zu einem Teig, der sich nach etwa fünf bis acht Minuten glatt vom Schüsselrand löst. Nur so viel Wasser verwenden, bis ein weicher Teig entstanden ist – wie viel genau das ist, hängt von vielen Faktoren ab, von der Luftfeuchtigkeit bis zum Alter des Mehls.

3 Den Teig aus der Maschine in eine große Schüssel umbetten – zum Anfassen die Hände mit Mehl bestäuben, auch die Schüssel mit Mehl ausstreuen. Zugedeckt gehen lassen.

Das Brot formen: Besonders weicher Teig behält besseren Halt in Gärkörbchen. Diese gründlich von innen bemehlen, damit sich der gegangene Teig schadlos herauskippen lässt!
Baguettes oder Brötchen formen, nochmals eine halbe Stunde etwa auf einem bemehlten Brett unter einem Tuch gehen lassen. Damit die Brote beim Backen schön aufspringen, mit einem scharfen Messer oder einer Rasierklinge einritzen, bevor sie in den Ofen kommen.

Das Brot würzen: Oliven sollte man grob gehackt in den Teig mischen, ebenso eingeweichte, getrocknete Tomaten, geröstete Zwiebeln, angeröstete Speckstreifen oder Nüsse, wie Pistazien oder Walnüsse.

Fertig geformte Laibe oder Brötchen vor dem Gehen mit Samen (Mohn, Sesam, Leinsamen, Sonnenblumenkerne) bestreuen (vorher mit Wasser einpinseln!) oder sie mit der Oberseite hineintauchen.

Backen: Den normalen Backofen auf 250 °C vorheizen, die Brötchen oder Brote auf einem Blech hineinschieben. Sofort eine Tasse heißes Wasser auf den Ofenboden schütten und schnell die Ofentür schließen, damit der Dampf nicht entweicht. Den Ofen jetzt auf 180 °C herunterschalten. Brötchen brauchen ca. 12 bis 18 Minuten, Baguette je nach Dicke 25 bis 30 Minuten. Dickere Laibe bis zu 15 Minuten länger. Den Dampfschub kann man für eine noch schönere Bräune und Kruste mehrmals wiederholen.

TIPP

Ob Brot gar ist, kann man hören: mit der Faust von unten dagegenklopfen, es erklingt ein dumpfer, satter Ton.

Körnerbrot

Wenn Sie können, mahlen Sie die Körner für dieses Brot selbst. Für alle, die gern solche herzhaften Brote essen, lohnt sich die Anschaffung einer speziellen Körnermühle, die mit einem Steinmahlwerk arbeiten sollte, damit die Körner nicht gequetscht, sondern regelrecht zerrieben werden. Man kann sich das Getreide auch im Bioladen mahlen lassen.

ZUTATEN

Für zwei Brotlaibe:

je 1 kg Weizen- und Roggenkörner
500 g Dinkelkörner
1 Würfel Hefe (40 g)
1 Portion Sauerteig (siehe Seite 24; oder Fertigprodukt)
4 gehäufte TL Salz
Mehl zum Bestäuben

1 Je 150 g Weizen-, Roggen- und Dinkelkörner abwiegen, in einer Schüssel handbreit mit warmem Wasser bedecken und eine Nacht lang einweichen.

2 Am nächsten Tag je 250 g von dem übrigen Weizen, Dinkel und Roggen grob schroten, den Rest dann fein mahlen. Alles in die Rührschüssel der Küchenmaschine geben.

3 Die Hefe in einer Tasse mit lauwarmem Wasser auflösen und ins Mehl kippen. Die eingeweichten Körner in einem Sieb abtropfen, das Einweichwasser in einem Messbecher auffangen und mit heißem Wasser auf ca. einen Liter auffüllen. Sauerteig und Salz zum Mehl ¿geben.

4 Die Maschine einschalten und das Wasser in dünnem Strahl sehr langsam in die laufende Maschine gießen. So lange, bis sich der Teig zusammenballt und vom Schüsselrand löst. Unbedingt ausreichend lange durcharbeiten lassen, etwa fünf bis zehn Minuten! Der Teig sollte nicht zu fest sein. (Wie fest, bestimmen Sie: Wer ein krumiges, poriges Brot liebt, muss den Teig sehr weich halten, er wirkt dann zäh und reißend, zieht geradezu Fäden. In diesem Fall muss man ihn in einer Kastenform backen. Wer ein festes, dichtes Brot bevorzugt, gibt nur so viel Wasser hinzu, dass der Teig sich fest anfühlt und sich auch ohne Form zum Laib formen lässt.)

5 Zunächst jedoch den Teig in eine große Schüssel umfüllen. Ist der Teig weicher, mit einem Teigschaber aus der Rührschüssel holen, ist er fester, mit bemehlten Händen herausheben. Alles, was mit dem Teig in Berührung kommt, mit Mehl bestäuben. Zugedeckt vier Stunden an einem warmen Ort gehen lassen.

6 Schließlich den Teig zu Laiben formen oder in zwei Kastenformen füllen, die zuvor mit Öl oder Butter ausgepinselt und dick mit Mehl ausgestäubt wurden. Nochmals unter einem Tuch eine Stunde gehen lassen. Danach in den 220 °C heißen Backofen schieben. Gleich eine Tasse Wasser auf den Ofenboden schütten. Nach 15 Minuten die Hitze auf 180 °C herunterschalten und die Brote etwa 50 Minuten backen. Dann herausholen und in der Form zunächst eine halbe Stunde ruhen lassen, anschließend aus der Form nehmen und nochmals für 15 bis 20 Minuten in den Ofen schieben. Wiederholt eine Tasse Wasser auf dem Ofenboden verzischen lassen.

TIPP

Wer nicht selber mahlen kann, muss je 150 g Dinkel-, Weizen- und Roggenkörner sowie je 250 g Dinkel-, Weizen- und Roggenschrot und je 600 g fein gemahlenes Weizen- und Roggenmehl sowie 100 g Dinkelmehl kaufen. Letzteres von einem möglichst hohen Ausmahlungsgrad, also: Weizenmehl etwa mit der Type 812 oder 1050 und Roggenmehl 997 oder 1150.

VARIATION

Wer mag, würzt den Teig obendrein mit Kümmel, Fenchel, Koriandersamen oder arbeitet zusätzlich noch Sonnenblumenkerne oder Nüsse ein.

Brotaufstrich fürs frische Brot

Einfach eine gute Bauernbutter aufs frische Brot, ein paar Krümelchen Salz drauf – etwas Besseres gibt es fast nicht. Mit unseren verschiedenen Aufstrichen lässt sich aber noch Abwechslung schaffen.

ZUTATEN

Für sechs Personen:

250 g durchwachsener fester Bauchspeck
2-3 Knoblauchzehen
1-2 rote oder grüne Chilischoten
Salz, Pfeffer
1 Rosmarinzweig

SPECKCREME (Bild rechts unten)

Den Bauchspeck würfeln, zusammen mit etwas Knoblauch, Chili, Pfeffer, Salz und Rosmarinnadeln im elektrischen Zerhacker (oder Zerkleinerer) zu einer glatten Creme mixen. Kalt stellen, bis die Creme schön fest geworden ist und auf dem frischem Brot verstreichen.

ZUTATEN

Für sechs Personen:

200 g gekochter Schinken
50 g Butter
1 Schalotte
glatte Petersilie
½ TL Delikatesspaprika
Salz, Pfeffer

SCHINKENCREME (Bild links unten)

Schinken würfeln, mit der Butter, der grob zerkleinerten Schalotte und Petersilie im Mixer pürieren, dabei mit Paprika, Salz und Pfeffer würzen.

ZUTATEN

Für sechs Personen:

250 g Frischkäse
1 kleine weiße Zwiebel
1 gelbe oder rote Möhre
Zitronensaft
etwas frischen Dill (oder Schnittlauch)
Salz, Pfeffer
Zitronenschale
eventuell Joghurt

FRISCHKÄSECREME (Bild Seite 22, links unten)

Den Frischkäse mit der geriebenen Zwiebel und Möhre verrühren. Mit Zitronensaft würzen, Dill oder Schnittlauchröllchen unterrühren. Mit Salz, Pfeffer und Zitronenschale abschmecken. Falls der Frischkäse zu fest ist, mit einem Löffel Joghurt verdünnen.

ZUTATEN

Für vier bis sechs Personen:

150 g Walnusskerne
100 g Butter
2-3 EL Honig

SÜSSE WALNUSSBUTTER (Bild Seite 22, links oben)

Die Kerne nur grob zerkleinern, einfach mit den Fingern zerdrücken. Mit der weichen Butter und dem Honig verrühren.

Flammekuche

Früher wurde auf dem Dorf das Brot zwar zu Hause geformt, dann aber ins Backhaus gebracht, weil niemand zu Hause einen richtigen Backofen besaß. Den Ofen befeuerte man mit Holz, das erst ausgeräumt wurde, wenn der Schamottstein im Ofen heiß genug war. Um dies zu prüfen, schob man als Erstes einen Teigfladen hinein, schön flach gewalzt, mit etwas Rahm bestrichen, mit gehobelten Zwiebeln und Kümmel belegt – das war der Flammekuche. Man nannte ihn so, weil das Holz rund um den Stein nicht schon zu Glut heruntergebrannt war, sondern noch Flammen erzeugte, die über den Teigfladen loderten und schwärzliche Spuren hinterließen. Das kann man sich heute gottlob bequemer leisten, und immer, wenn man Brot bäckt, sollte wenigstens ein Rest des Teiges für einen Flammekuche aufgespart werden.

ZUTATEN

Für vier bis sechs Personen:

Portion Brotteig

Belag:
250 g Crème fraîche oder Schmand
1 Zwiebel
Kümmel
Speck in dünnen Streifen
Salz, Pfeffer

1 Den Teig portionsweise ausrollen. Mit Crème fraîche bestreichen, Zwiebelringe darüberhobeln, mit Kümmel bestreuen und einige Speckstreifen darauf verteilen.

2 Mit Salz und Pfeffer würzen. Im auf 250 °C vorgeheizten Backofen backen, bis der Teig knusprig und schön gebräunt ist.

GETRÄNK

Ein junger, frischer Wein – rot oder weiß, worauf man Lust hat. Natürlich passt auch ein Bier.

Wiener & andere Schnitzel

Wiener & andere Schnitzel:

Wie der Klassiker garantiert gelingt!

Wiener Schnitzel! Was früher als Inbegriff langweiliger Hotelküche galt, ist längst zum Kult, zum Lieblingsessen geworden. Seitdem nämlich so viele Österreicher in der deutschen Gastronomie dafür gesorgt haben, dass die Wiener Schnitzel tatsächlich so sind, wie es sich gehört: eine dünne, aber mürbe und saftige Scheibe erstklassigen Kalbfleischs, in einer noch dünneren, aber unwiderstehlich knusprigen Hülle aus Weißbrotkrumen, die – und das ist ein Merkmal für ein richtiges Wiener Schnitzel – nicht eng aufliegt, sondern wie ein zu großes Hemd in lockeren Falten um das Fleisch schlottert.

Schnitzel gehören zu den Lieblingsspeisen der Deutschen – Grund genug, sich einmal genauer mit ihnen zu beschäftigen, damit es nicht, wie leider so oft, als zäher Lappen auf dem Teller liegt, an dem man sich oftmals selbst mit einem scharfen Messer nur mit Gezerre zu schaffen machen kann.

Damit das Schnitzel saftig bleibt: Das richtige Fleisch

Man kann aus unterschiedlichen Stücken Schnitzel schneiden. Am häufigsten nimmt man die Keule, und von dieser die Oberschale, Unterschale oder die Nuss. Diese Teile sind immer ein wenig von Fettadern durchzogen, was sie schön saftig werden lässt. Auch der kleine Fettrand, der sie umkränzt, sorgt für Geschmack und sollte deshalb nie vor dem Braten entfernt werden. Unbedingt darauf achten, dass die Scheibe quer zum Faserverlauf geschnitten wird. Sonst treffen die Zähne im falschen Winkel auf die Fasern und das Fleisch wirkt zäh.

Auch aus dem Rückenstrang lässt sich ein schönes, absolut mageres Schnitzel schneiden. Da eine Scheibe davon nur ein ziemlich kleines Schnitzel ergibt, schneidet man gern ein sogenanntes Schmetterlingsschnitzel daraus: Dafür wird eine doppelt dicke Scheibe abgetrennt und in der Mitte so weit durchgeschnitten, dass sie nur noch an der Breitseite zusammenhängt. Auseinandergeklappt und an dieser Nahtstelle behutsam glatt gestrichen, zeigt das nun doppelt so große Schnitzel die namensspendende Schmetterlingsform.

Dünne Scheiben vom Filet, hübsch rund und gerade bissengroß, eigentlich Medaillon genannt, sind auch als Schnitzel fein, wenn die Gäste aus der Hand essen sollen: als Fingerfood.

Die Panierung

Bitte nicht Panade sagen! Das wird gern verwechselt; unter Letzterem versteht man in der Küchensprache keineswegs die Hülle aus Brotbröseln, sondern eine dicke Mehlsauce zum Binden von Farcen und Füllungen. Der Österreicher sagt kurz und knapp Panier und ruft damit genau das vors geistige Auge, was es ist: nämlich ein schützender Panzer, der das Fleisch im heißen Fettbad vor zu starker Hitze bewahrt. Das Panieren (von panis = Brot) geht in drei Stufen vor sich, deshalb ist es ratsam, drei gleich große Teller bereitzustellen. In den ersten Teller Mehl einfüllen, in dem das Fleisch zunächst gewendet wird. Rasch und sorgfältig, anschließend alles Überschüssige sofort abschütteln, sodass nur noch ein hauchzarter weißer Film das Fleisch umgibt. In den zweiten Teller kommt verquirltes Ei. Puristen würzen lediglich mit Salz und Pfeffer, erlaubt ist jedoch auch etwas Muskat, sogar ein Hauch Cayennepfeffer tut ihm gut. Manche schlagen etwas Sahne oder Milch unter, sogar von einem Schuss Mineralwasser hat man schon gelesen, soll für mehr Volumen sorgen …

Und im letzten Teller wird das Schnitzel in Semmelbröseln gewälzt. Die Feinschmecker sind sich einig, dass es frisch geriebene Brösel sein sollten, wie man sie zum Beispiel beim Bäcker bekommt oder selbst machen kann. Am besten schmecken sie aus italienischem Hartweizenbrot, dann haben sie deutlichen Biss und viel Aroma. Von fertig gewürzten Panierhilfen sollte man jedoch die Finger lassen, schade ums Fleisch!

Man kann die Brösel würzen: mit geriebenem Parmesan, grob gehackten Haselnüssen, zerriebenen Chilis, sogar mit zerrebbelten Thymianblättchen oder gehackter Petersilie. Dann aber mit der Hitze aufpassen, damit diese Gewürze nicht verbrennen, die Kruste dennoch knusprig wird und das Fleisch im Inneren gar.

TIPP

Statt der normalen Semmelbrösel japanische Brösel nehmen, die noch knuspriger werden. Man bekommt sie im guten Fischgeschäft oder im Asienladen.

Wiener Schnitzel

ZUTATEN

Für zwei bis drei Personen:

2-3 schöne Kalbsschnitzel
Salz, Pfeffer
ein Hauch Muskat

Zum Panieren:
2-3 gehäufte EL Mehl
2 Eier
1 Schuss Sahne
Salz, Pfeffer
Muskat
eventuell eine Spur Cayennepfeffer
120 g Semmelbrösel
Butterschmalz oder Öl
zum Ausbacken
einige Petersilienzweige
1 Zitrone

In der Gastronomie muss es vom Kalb sein, sonst darf es nicht so heißen, sondern ist allenfalls eines „nach Wiener Art". Das ist auch gut so, sonst würden die Wirte alles Mögliche unter der Panierung verstecken, billigeres Schwein oder gar ein Stück Putenfleisch, bloß kein teures Kalb.
Das Fleisch muss erstklassig sein, sauber pariert, das heißt: von allen überflüssigen Sehnen und Häuten befreit, frisch, aber dennoch ausreichend abgelagert, und bitte nicht müffelnd. Unter dem schützenden Bröselmantel wird schon die geringste falsche Geschmacksnote geradezu unerträglich verstärkt. Was so mancher Wirt im Übrigen mit einer Sardelle zu übertönen versucht – die gehört nämlich eigentlich nicht auf ein Schnitzel!
Die Fleischscheibe sollte dünn sein und gleichmäßig geschnitten (ruhig auf der Aufschnittmaschine). Vor dem Panieren wird sie geklopft, aber nicht mit dem Fleischklopfer, der mit seinen Zacken die Fasern zerstört, sondern mit einem flachen Gegenstand: mit dem profimäßigen Plattiereisen (leider ziemlich teuer, leistet aber auch noch anderweitig in der Küche gute Dienste), mit der Schneide eines schweren Messers oder Küchenbeils oder einfach mit der flachen Hand. Das Schnitzel soll dadurch entspannen und gleichmäßig glatt werden. Und am Ende höchstens knapp vier Millimeter stark sein!

1 Die Schnitzel flach streichen und behutsam klopfen. Sollten sie am Rand von einer Haut umgeben sein, diese einschneiden, damit sich die Fleischscheiben nicht in der Pfanne wölben. Mit Salz und Pfeffer würzen, nach Belieben mit etwas Muskat bestäuben. Mehl, die mit Sahne und Gewürzen verquirlten Eier sowie die Brösel in drei

TIPP

Ein Wiener Schnitzel wird in der Pfanne gebacken, nicht in der Friteuse. Vorzugsweise in Butterschmalz. Klassisch wäre übrigens Schweineschmalz, aber das hat man heutzutage nicht mehr so selbstverständlich im Vorrat, auch ist es nicht jedermanns Geschmack. Erlaubt ist auch Olivenöl oder ein anderes hoch erhitzbares Öl wie Sonnenblumen-, Erdnuss- oder Rapsöl. Es sollte auf jeden Fall nicht zu geschmacksintensiv sein, damit es den zarten Kalbfleischgeschmack nicht übertönt.

getrennten flachen Schalen oder Tellern bereitstellen. Die Schnitzel erst unmittelbar vor dem Backen panieren – auf keinen Fall in ihrer Hülle warten lassen, sie weicht sonst auf und wird nicht knusprig.

2 Schließlich das Schmalz oder Öl in einer geräumigen Pfanne erhitzen, es sollte mindestens fingerhoch darin stehen.

3 Die Schnitzel nebeneinander ins heiße Fett legen. Die Pfanne jetzt immer wieder rütteln, damit das heiße Fett über die obere Seite der Schnitzel schwappt. Durch diese Oberhitze löst sich die Panierung vom Fleisch und schlägt die so begehrten Blasen, die für ein perfektes Wiener Schnitzel typisch sind. Sobald die Unterseite schön gebräunt ist (nach ca. zwei bis drei Minuten), wenden und auch die andere Seite bräunen. Natürlich ebenfalls unter stetem Rütteln und Schütteln der Pfanne.

4 Aus der Pfanne nehmen und auf mehrfach übereinandergelegtem Küchenpapier abtupfen. Die Schnitzel mit Petersilie und einem Zitronenschnitz servieren.

GETRÄNK

Natürlich ein Wein aus Österreich, zum Beispiel ein Grüner Veltliner aus der Wachau oder aus dem Burgenland.

BEILAGE

Auf klassisch-österreichische Weise, ein Erdäpfel-Vogerl-Salat (siehe nächste Seite).

TIPP

Die richtige Temperatur ist erreicht, wenn ein Brotwürfel, den man hineinwirft, in dem aufrauschenden Fett rasch bräunt. Merke: Ist das Fett zu heiß, verkohlen die Brösel bereits, bevor das Schnitzel gar ist. In nicht ausreichend heißem Fett dagegen weicht die Panierung auf und saugt sich damit voll.

Erdäpfel-Vogerl-Salat

ZUTATEN

Für zwei bis drei Personen:

500 g festkochende Kartoffeln
1 kleine milde Zwiebel
3-4 El milder Essig
Salz, Pfeffer
eventuell 3-4 EL heiße Fleischbrühe
2 EL gutes Öl
100 g Feldsalat
2 EL Kürbiskernöl

Das ist die Winterversion des beliebten österreichischen Erdäpfelsalats, im Sommer nimmt man statt Vogerl(Feld)salat Gurke.

1 Die Kartoffeln in der Schale gar kochen, etwas auskühlen lassen, aber unbedingt noch warm weiterverarbeiten!

2 Für die Marinade die Zwiebel sehr fein würfeln, mit Essig, Salz und Pfeffer verrühren. Die Kartoffeln pellen, in dünne Scheiben schneiden und damit mischen. So viel Brühe zufügen, dabei gründlich durchmischen, bis die Kartoffeln eine schöne Bindung haben. Erst jetzt das Öl zufügen.

3 Den Feldsalat erst unmittelbar vor dem Servieren darüber verteilen. Zuvor (mehrmals gründlich!) waschen. Abschließend alles mit dem Kürbiskernöl dekorativ beträufeln.

GETRÄNK

Ein Wein aus Württemberg sollte es sein, entweder ein frischer Riesling oder ruhig auch ein kraftvoller Rotwein, zum Beispiel ein Lemberger.

ZUTATEN

Für zwei bis drei Personen:

500 g festkochende Kartoffeln
1 mittelgroße Schalotte
1 kleine rote Paprikaschote
glatte Petersilie
Salz, Pfeffer
2 EL Apfelessig
2 EL Balsamicoessig
3-4 EL heiße Fleischbrühe
2 EL neutrales oder mildes Olivenöl
2 EL Kürbiskernöl

VARIANTE:

Kartoffelsalat mit Kürbiskernöl und Balsamico

Die Kartoffeln in der Schale gar kochen, abgießen und ohne Deckel etwas auskühlen lassen. Pellen und in Scheibchen schneiden. Fein gewürfelte Schalotte, die in halbzentimeterkleine Würfel geschnittene Paprika und gehackte Petersilie mischen und mit Salz, Pfeffer, den beiden Essigsorten und der Brühe anmachen. Erst dann das Öl – beide Sorten – zufügen. Gründlich vermengen und etwas durchziehen lassen. Vor dem Servieren nochmals abschmecken.

Gefülltes Schnitzel

Frei nach dem berühmten Cordon bleu: das mit Käse- und Schinken gefüllte Kalbsschnitzel, paniert und knusprig ausgebacken – ein Klassiker der Kochkunst.

1 Die Schnitzel wenn nötig am Rand von Haut befreien, quer eine Tasche hinein- oder zum Schmetterlingsschnitzel schneiden. Sehr vorsichtig flach klopfen.

2 Für die Füllung die Tomaten mit kochendem Wasser bedecken und einweichen. Spinat putzen, entstielen, waschen. In kochendes Salzwasser geben und gleich eiskalt abschrecken. (TK-Spinat auftauen.) Den Spinat mit einem großen Messer fein hacken, auch die eingeweichten Tomaten hacken und beides mit den ebenfalls gehackten Oliven und dem zerbröckelten Käse mischen. Mit Salz, Pfeffer und geriebenem Knoblauch würzen.

3 Die Mischung in die Schnitzel füllen und das Kalbfleisch anschließend zusammendrücken. Zuerst in Mehl wenden, dann durch das gewürzte und verquirlte Ei ziehen und schließlich in den Semmelbröseln (kann man mit fein gehackten Rosmarinnadeln vermischen!) drehen. Im heißen Öl fast schwimmend langsam goldfarben ausbacken.

BEILAGE

Knusprige Zigarren: die restliche Füllung in Filoblätter wickeln. Dafür die Blattrolle aufwickeln. Das oberste Blatt mit Milch einpinseln, die Füllung als schmalen Streifen auf eine der Schmalseiten platzieren. Aufwickeln, die Rolle in fingerlange Stücke schneiden und im verbliebenen Schnitzelbratfett rundum goldbraun und schön knusprig backen. Mit den weiteren Blättern ebenso verfahren.

GETRÄNK

Ein kraftvoller Burgunder – der kann weiß oder rot sein. Oder einen der wunderbar fruchtig und finessenreich ausgebauten, aber dennoch satten Zweigelt-Weine aus dem Burgenland.

ZUTATEN

Für vier Personen:

4 schöne Schnitzel (z.B. aus dem Rücken; man kann auch die Ober- oder Unterschale nehmen), knapp 2 cm dick.

Füllung:
4-6 getrocknete Tomaten
200 g Blattspinat
(auch TK-Blattspinat)
1 kleine Handvoll schwarze Oliven
100 g Schafskäse
Salz, Pfeffer
1 Knoblauchzehe

Zum Panieren:
4 EL Mehl
2-3 Eier
Salz, Pfeffer
200 g Brösel
eventuell 1 kleiner Rosmarinzweig
Olivenöl zum Ausbacken

Außerdem:
4-6 Blätter Filoteig

Blumenkohl

Blumenkohl:

Bildschön und immer wieder köstlich!

Blumenkohl gedeiht bei uns im Sommer, liegt aber immer Anfang des Jahres in Bergen auf unseren Märkten. Denn Blumenkohl ist in den milderen Regionen Europas ein Wintergemüse. Tief im Süden, in Sizilien, aber auch im Westen, in der Bretagne, hat Blumenkohl gerade zu dieser Zeit Saison. Von dort kommen schneeweiße Köpfe auf unsere Märkte, die nur dann aus den sie schützenden grünen Blättern hervorschauen, wenn man diese stutzt. In Sizilien kennt man Blumenkohl auch in einem kräftigen Lindgrün; das sieht sehr hübsch aus, allerdings verblasst die leuchtende Farbe leider beim Kochen.

Dann gibt es noch allenthalben die hübsche Variante Romanesco, Türmchen- oder Minarettkohl genannt, deren Röschen spitz zulaufen und ebenfalls von lindem Grün sind. Nicht zu vergessen der beliebte, zu blumenkohlähnlichen Köpfen gezüchtete Brokkoli und schließlich die leuchtend lilafarbenen Blumenkohlköpfe, die ebenfalls viel in Italien angeboten werden, auf unseren Märkten aber eher selten sind.

Immer wieder hört man, dass es sich bei diesen Varianten um Kreuzungen zwischen Blumenkohl und Brokkoli handelt, aber es sind einfach nur die vielen verschiedenen Mitglieder einer großen Familie. Und sie haben alle eins gemein: Sie sehen schön aus, sie schmecken gut und stecken voller wertvoller Inhaltsstoffe: Vitamin C, Vitamin B, Folsäure, aber auch Mineralstoffe wie Natrium, Calcium, Kalium – und immer liegen die grünen Varianten vor dem weißen Blumenkohl, bei manchen Werten sogar um ein Vielfaches. Klar, dass die chlorophyllreicheren grünen Blumenkohlarten auch kräftiger im Geschmack sind, schließlich bildet sich im Kontakt mit der Sonne mehr Aroma aus.

Blumenkohl einkaufen

Gerade um die frühe Zeit im Jahr kann man Blumenkohl oft im Sonderangebot sehr günstig finden. Achten Sie auf feste Köpfe mit in sich geschlossenen Röschen – gut, wenn die grünen Blätter den Kohl noch vollständig umhüllen. Sie sind ein fabelhafter Schutz vor Stößen. Köpfe mit schwarzen Flecken sollte man meiden, auch solche, die bereits gelblich verfärbt sind.

Im Kühlschrank bleibt Blumenkohl zwei, drei Tage mühelos frisch. Je älter er wird, desto mehr entwickelt er beim Kochen den wenig geschätzten Kohlgeruch. Deshalb: je frischer, desto besser!

Knusperröschen mit Zitronendip

Tatsächlich kann man Blumenkohl roh essen, die Röschen schmecken frisch nussig und sind wunderbar knackig. Entweder lässt man die Röschen relativ groß und stippt sie mit der Hand in die Sauce, oder man schneidet sie sehr klein und macht sie mit der Sauce wie einen Salat an. Beides köstlich!

1 Die Zutaten für den Dip sollten Zimmertemperatur haben, damit alles gut bindet und die Mayonnaise nicht gerinnt. Alles in einen schlanken Mixbecher füllen, mit dem Pürierstab aufschlagen, damit zuerst der Knoblauch zerkleinert wird und sich dann alle Zutaten zu einer dicken, cremigen Mayonnaise verbinden.
Wer die Mayonnaise leichter mag, rührt jetzt etwas Joghurt unter (nicht mit dem Mixstab, lieber mit der Gabel, sonst wird die Mayonnaise wieder flüssig). Herzhaft abschmecken, vor allem mit reichlich Säure. Die Prise Zucker nicht vergessen!

2 Den Blumenkohl in größere oder ganz kleine Röschen teilen. Die Stiele entweder für eine Suppe vorsehen oder in Stifte schneiden – eventuell schälen, falls die Schale zäh ist. Die Zitronenmayonnaise als Dip dazureichen bzw. mit den kleinen Röschen zu einer Art Salat vermengen.

ZUTATEN

Für vier bis sechs Personen:

Zitronendip:
2 Eigelb
3-4 Knoblauchzehen
1 TL scharfer Senf
2-3 EL Zitronensaft
abgeriebene Zitronenschale
Salz
1/4 TL Zucker
Pfeffer
1 Spritzer Worcestershiresauce
1 Prise Cayennepfeffer
ca. 200 ml Olivenöl (oder ein geschmacksneutrales Sonnenblumenöl)
eventuell 2-3 EL Joghurt oder Magerquark

Außerdem:
1 mittelgroßer Blumenkohl oder
1 Romanesco

Gekochter Blumenkohl mit würziger Marinade

Eine schöne Beilage, aber ebenso gut auch ein leichter Imbiss.

ZUTATEN

Für vier Personen:

1 Blumenkohl oder 1 Romanesco
Salz
2-3 EL Zitronensaft

Marinade:
4 getrocknete Tomaten
50 g Pinienkerne
1 Schalotte
2 Knoblauchzehen
3-4 EL Olivenöl
4-6 Anchovisfilets
1 Tasse schwarze Oliven
Saft einer ganzen, abgeriebene Schale einer halben Zitrone
Salz und Pfeffer
glatte Petersilie oder Basilikum

1 Blumenkohl bzw. Romanesco putzen: Die Blätter entfernen und den Strunk kappen. Den Blumenkohl für eine halbe Stunde in eine Schüssel mit gut gesalzenem Wasser legen, das mit Zitronensaft gesäuert ist – das treibt eventuell versteckte Tierchen aus ihrem Versteck. Achtung: Den Romanesco nicht mit Zitrone in Verbindung bringen, er färbt sich sonst beim Kochen grau!
Beide Kohlköpfe in wenig Salzwasser oder gleich über Dampf insgesamt ca. 10 bis 15 Minuten garen (je nach Größe: Der Strunk sollte sich mit einem spitzen Messer leicht durchstechen lassen).
Für Blumenkohl immer Zitronensaft ins Kochwasser geben, der hält ihn schön weiß!

2 Für die Marinade die getrockneten Tomaten mit kochendem Wasser bedecken und einweichen. Pinienkerne in der trockenen Pfanne anrösten, die sehr fein gewürfelte Schalotte sowie den gehackten Knoblauch zufügen. Mit einem Löffel Olivenöl benetzen. Die Anchovis darin zerdrücken, die grob zerkleinerten, entsteinten Oliven dazugeben und mit Zitronensaft ablöschen. Zitronenschale sowie die gewürfelten Tomaten unterrühren und einen guten Schuss des Einweichwassers angießen. Die Marinade wenige Minuten schmurgeln lassen, bis sich alles gut verbindet. Mit Salz und Pfeffer abschmecken.

3 Am Ende die fein gehackte Petersilie (oder Basilikum) und das Olivenöl unterrühren.

4 Blumenkohl mit einer Schaumkelle aus dem Topf in eine Schüssel heben. Mit der Marinade übergießen und durchziehen lassen. Dabei immer wieder erneut mit der Marinade beschöpfen. Den Blumenkohl lauwarm oder abgekühlt servieren.

BEILAGE

Als Vorspeise serviert, genügt frisches Weißbrot, mit dem man die Marinade aufwischen kann.

GETRÄNK

Ein herzhafter Weißwein, zum Beispiel aus Sardinien, Sizilien oder Apulien.

Blumenkohlcremesüppchen

Wer sonst die Stiele vom Blumenkohl immer wegschneidet, bekommt mit diesem Rezept eine Idee, wie man sie wunderbar nutzen kann.

1 Die Zwiebel fein würfeln und in der Butter andünsten. Den Knoblauch zerdrücken und mitdünsten, schließlich den in kleine Stücke zerlegten Blumenkohl zufügen – zwei, drei große Rosen beiseitelegen für die Garnitur! Mit Brühe auffüllen, Salz, Zitronensaft und ein Stück Zitronenschale zufügen. Zugedeckt etwa 30 Minuten leise köcheln lassen, bis der Blumenkohl absolut weich ist. Mit dem Pürierstab glatt mixen – Zitronenschale vorher herausfischen. Mit Sahne auffüllen und aufkochen.

2 Die Suppe mit Muskat, Worcestershiresauce, Cayennepfeffer und Zitronensaft frisch und herzhaft abschmecken. Die beiseitegelegten Blumenkohlröschen senkrecht in dünne Scheiben schneiden und in etwas Olivenöl auf beiden Seiten anbraten, dabei salzen, pfeffern und mit einem Hauch Muskat würzen.

3 Die Suppe vor dem Servieren nochmals schaumig aufschlagen. In tiefen Tellern oder in Suppentassen anrichten und in die Mitte ein, zwei Blumenkohlscheiben betten. Mit Klecksen vom leuchtend grünen Petersilienöl garnieren: Dafür die Petersilienblätter mit einigen Krümeln Salz und Olivenöl im Mixbecher glatt pürieren.

BEILAGE

Hauchdünne Weißbrotscheiben auf einem Backblech im 180 °C heißen Backofen golden rösten.

GETRÄNKE

Eigentlich trinkt man zur Suppe nichts – sie ist Flüssigkeit genug. Es passt jedoch sehr gut ein Sherry. Das kann entweder ein staubtrockener, leichter Fino sein oder sogar ein eher milder gereifter Amontillado. Es passt auch ein trockener Marsala!

TIPP

Das Petersilienöl bleibt in einem Schraubglas im Kühlschrank einige Tage frisch, wenn man die Blätter vor dem Mixen blanchiert.

ZUTATEN

Für vier bis sechs Personen:

1 Zwiebel
2 EL Butter
1-2 Knoblauchzehen
ca. 300-400 g Blumenkohl (Stiele & Röschen)
ca. ½ l Hühner- oder Fleischbrühe
Salz
Zitronensaft
ein Stück Zitronenschale
200 ml Sahne
Muskat
1 Spritzer Worcestershiresauce
Cayennepfeffer
Olivenöl zum Braten

Petersilienöl:
1 kleine Handvoll glatte Petersilienblätter
Salz
ca. 100 g Olivenöl

Blumenkohlpasta mit Bratwurst

Ein Rezept aus Sizilien, der Heimat des winterlichen Blumenkohls, darf natürlich nicht fehlen – besonders hübsch sieht der Teller aus, wenn man den grünen Blumenkohl oder Romanesco verwendet. In Sizilien nimmt man außerdem Salsicce, eine grobe, gut gewürzte Schweinsbratwurst. Eine grobe Thüringer oder fränkische Bratwurst, wie wir sie bekommen können, eignet sich jedoch ebenfalls bestens.

ZUTATEN

Für vier Personen:

300 g feste Pasta (Orecchiette oder Penne)
Salz
1 kleiner Blumenkohl oder Romanesco
Zitronensaft
1 Zwiebel
2-3 Knoblauchzehen
2-3 EL Olivenöl
3 grobe Bratwürste
4-5 geschälte Tomaten (pelati aus der Dose ohne den Saft!)
Petersilie
50 bis 80 g Ricotta (oder Frischkäse)
50 g geriebener Pecorino
Salz, Pfeffer
Muskatnuss

1 In einem großen Topf mindestens vier Liter Wasser aufsetzen. Sobald es kocht, kräftig salzen (pro Liter Wasser 20 bis 25 Gramm!), die Pasta hineingeben und nach Packungsvorschrift garen. Blumenkohl in kleine Röschen teilen, Stiele in Scheibchen schneiden. Ca. fünf bis acht Minuten, bevor die Pasta gar sein wird, zu den Nudeln in den Topf geben.

2 Inzwischen Zwiebel und Knoblauch fein würfeln und im heißen Öl andünsten. Das Brät aus der Pelle drücken, walnusskleine Bällchen daraus formen und mitbraten. Zum Schluss die grob gewürfelten Tomaten und die gehackte Petersilie zufügen.

3 Ricotta und geriebenen Käse in einer Schüssel mit einem Löffel Nudelkochwasser mischen; Pasta und Blumenkohl mit einer Schaumkelle aus dem Kochwasser heben und tropfnass darin schwenken. Erst wenn der Käse sich aufgelöst hat, den Pfanneninhalt zufügen und alles gut mischen. Nochmals abschmecken: mit Salz, Pfeffer, Muskat und einem Spritzer Zitronensaft.

BEILAGE

Höchstens ein Stück Brot. Auf alle Fälle Olivenöl zum Würzen auf den Tisch stellen und frisch geriebenen Pecorino.

GETRÄNK

Ein ausdrucksvoller Rotwein aus Süditalien. Ein Nero d'Avola beispielsweise aus Sizilien oder ein Nerello Mascalese, ebenfalls von dort.

Blumenkohl-Curry mit Hähnchenbrust

Blumenkohl lässt sich wunderbar mit Thaigewürzen zum Curry kochen. Statt Hähnchenbrust kann man auch Garnelen verwenden, und für Vegetarier nimmt man den Blumenkohl pur und mischt ihn womöglich (nicht nur der Optik wegen) mit den grünen Röschen vom Romanesco oder sogar vom Brokkoli.

1 Die Hähnchenbrust sorgfältig von Häuten und Sehnen säubern, dann in gut zentimeterkleine Würfel schneiden. Mit der Stärke überpudern und sie gründlich einmassieren. Blumenkohl in kleine Röschen teilen (sie sollen nicht mehr als doppelt so groß wie die Fleischwürfel sein) und in einer Schüssel mit Wasser bedecken, den Saft einer halben Zitrone zufügen.

2 Zwiebel, Knoblauch und Ingwer fein würfeln, im heißen Öl andünsten. Die Currypaste zufügen und mitrösten, bis sie sich auflöst. Mit Kokossahne ablöschen. Nun mit Zitronensaft, einem Stück Zitronenschale, Fischsauce, Zucker und Pfeffer würzen. Blumenkohlröschen in den Topf geben und zugedeckt ca. acht bis zehn Minuten leise kochen lassen. Jetzt die Fleischwürfel dazugeben und etwa drei bis vier Minuten mitdünsten. Am Ende die Basilikumblätter einrühren. Die Sauce nochmals abschmecken: Säure (Zitronensaft!), Süße (Zucker!), Schärfe und Salz müssen kräftig zu schmecken sein (ruhig noch einen Spritzer Fischsauce sowie einige Körnchen Salz zufügen, falls nötig!). Koriandergrün erst unmittelbar vor dem Servieren darüberstreuen.

BEILAGE

Körniger Reis (am besten thailändischer Duftreis).

GETRÄNK

Ingwer- oder Zitronengrastee (siehe Seite 20) oder ein gehaltvoller Weißwein mit vielen Extraktstoffen, die den kräftigen Gewürzen Widerpart bieten. Zum Beispiel ein Zierfandler oder Rotgipfler aus der Thermenregion in Österreich, ein Gumpoldskirchner also.

ZUTATEN

Für vier Personen:

250 g Hähnchenbrust
1 EL Speisestärke
1 kleiner Blumenkohl
1 Zitrone
1 Zwiebel
2 Knoblauchzehen
1 walnussgroßes Stück Ingwer
2 EL Erdnuss- oder Sonnenblumenöl
1 TL rote Thaicurrypaste
400 ml Kokossahne
1 EL thailändische oder vietnamesische Fischsauce
1/2 TL Zucker
Pfeffer, Salz
2 Zweige Thaibasilikum
evtl. Koriandergrün

Backen zu Ostern

Backen zu Ostern:

Süßes zum Frühlingsbeginn

Ob zur Kaffeetafel oder Teestunde – ein prächtiger Kuchen aus der eigenen Küche macht jede(n) stolz. Damit alles garantiert gelingt, sind ein paar Dinge zu beachten, und zwar bei allen Backwaren:

Stets alle Zutaten bereits von Anbeginn parat stellen, schon damit sie alle Zimmertemperatur annehmen können. Deshalb das Rezept zunächst einmal von vorn bis hinten durchlesen.

- Vor allem die Butter rechtzeitig aus dem Kühlschrank holen. Es kann keine geschmeidige Masse entstehen, selbst bei fleißigstem Rühren, wenn die Butter kalt ist. Sie flockt dann aus und verliert ihre Bindefähigkeit. Am besten eignet sich zum Backen Süßrahmbutter, die bis zum Schluss geschmeidig bleibt. Sauerrahmbutter kann leichter ausflocken und dann s. o.
- Heizen Sie den Ofen rechtzeitig vor – es ist immer besser, wenn der Kuchen gleich in den auf die richtige Temperatur beheizten Ofen kommt. Empfindliche Massen können zusammenfallen, wenn sie nicht von vornherein einen Hitzeschub vor allem von unten bekommen.
- Backen Sie im Zweifelsfall lieber mit Unter- und Oberhitze als mit Heiß- oder Umluft – der ständige Luftwirbel im Ofen kann empfindlichen Kuchen schaden! Das gilt vor allem für Biskuits und Rührteige! Rechnen Sie für Ober- und Unterhitze immer ca. 20 % höhere Temperatur als für Heiß- oder Umluft.
- Lassen Sie die Kuchen zunächst einige Minuten in der Form abkühlen. Nehmen Sie sie erst dann aus der Form, legen Sie ein Kuchengitter auf und stürzen Sie die ganze Sache auf den Kopf. Nach dem vollständigen Auskühlen drehen Sie den Kuchen wieder auf dieselbe Weise zurück: Eine Platte auflegen und einfach umdrehen. Natürlich werden Obstkuchen mit ihrem Belag nicht gestürzt!

Margeritenkuchen

Die Torta Margherita kommt aus Italien und ist vermutlich ebenfalls der offenbar sehr feinschmeckerisch begabten Königin gleichen Namens gewidmet, die ja bereits für einen wunderbare Pizzabelag steht.

1 Die Kastenform ausbuttern und von innen mit Mehl bestäuben. Zimmerwarme Butter und Zucker mit dem Handrührgerät oder in der Küchenmaschine zu einer dicken Creme schlagen, dann die Eier zufügen und geduldig weiterschlagen. Mindestens 10 Minuten lang, bis die Creme hell und dicht geworden ist.

2 Mit abgeriebener Zitronenschale, Zitronensaft und Maraschino (oder Zitronenlikör) würzen. Nun rasch Mehl und Backpulver einarbeiten und in die Form füllen. Bei 200 °C etwa 10 Minuten an-, bei 180 °C schließlich 30 bis 35 Minuten fertig backen.

3 Den lauwarmen Kuchen mit Zitronenguss überziehen. Dafür den Puderzucker mit Zitronensaft anrühren (er wird tatsächlich wie Mörtel angerührt!) und mit einem breiten Messer oder einer Palette gleichmäßig verstreichen.

ZUTATEN

Für eine Kastenform von 1,5 l Inhalt:

Mehl und Butter für die Form
250 g Butter
250 g Zucker
8 Eier
1 unbehandelte Zitrone
3 EL Maraschino oder Zitronenlikör
250 g Mehl
1 gehäufter TL Backpulver

Für den Guss:
200 g Puderzucker
2-3 EL Zitronensaft

Mandelkrustenkuchen mit Apfelfüllung

Hierfür braucht man nur Eiweiß – ein ideales Rezept, wenn man viel Eigelb verwendet hat, zum Beispiel beim Nudelteigherstellen oder bei der Zubereitung von Eis. Übrigens schmeckt zum lauwarmen Kuchen eine Kugel selbst gemachtes Vanille-Eis einfach perfekt!

ZUTATEN

Für 1 Springform von 24 cm Durchmesser:

50 g Butter
60 g Zucker
100 g Mandelblättchen
3 Äpfel
2 unbehandelte Zitronen
4 Eiweiß
1 Prise Salz
1 Tütchen Vanillezucker
125 g Puderzucker
250 g gemahlene Mandeln

1 Den Boden einer Springform mit Backpapier bedecken und das Papier sowie den Rand der Form mit etwas Butter einstreichen. Die Hälfte des Zuckers auf den Boden streuen, darauf die Mandelblättchen verteilen – sie sollen dicht nebeneinander liegen und eine gleichmäßige Fläche bilden.

2 Die Äpfel schälen, vierteln, vom Kerngehäuse befreien und in Scheiben schneiden. Damit sie sich nicht verfärben, mit dem Saft einer halben Zitrone marinieren. Dann hübsch akkurat dachziegelartig auf den Mandelblättchen auslegen.

3 Das Eiweiß mit den Schaumschlägern der Küchenmaschine steif schlagen, dabei die Prise Salz zufügen und langsam 2 EL Zucker samt dem Vanillezucker einrieseln lassen. Der Schnee darf nicht wolkig oder flockig sein, sondern sollte dicht und cremig wirken. Schließlich die abgeriebene Zitronenschale, den restlichen Zitronensaft sowie die mit Puderzucker vermischten gemahlenen Mandeln löffelweise unterrühren.

4 Diese Masse auf die Äpfel kippen und glatt streichen. Bei 160 °C im vorgeheizten Ofen (Ober- und Unterhitze!) ca. 40 bis 45 Minuten backen. Anschließend in der Form eine halbe Stunde abkühlen lassen, erst dann auf eine mit Backpapier oder Alufolie belegte Platte stürzen. Das Papier, das sich jetzt auf der Oberfläche befindet, abziehen. Falls es sich nicht gut löst, ein wenig anfeuchten.

5 Die Mandeloberfläche mit weicher Butter einstreichen und mit dem restlichen Zucker bestreuen. Nochmals für acht bis zehn Minuten in den 200 °C heißen Ofen (diesmal Oberhitze!) stellen, bis die Mandelschicht schön gebräunt ist.

TIPP

Für das Vanille-Eis 4 Eigelb mit 3-4 EL Zucker im Wasserbad schlagen, bis eine helle, dicke Creme entstanden ist. Je $\frac{1}{4}$ l Milch und Sahne aufkochen, eine Vanillestange darin zehn Minuten ziehen lassen. Die Stange anschließend herausnehmen und längs aufschlitzen, das Mark herauskratzen und in die Milchsahne rühren. (Die leere Stange nicht wegwerfen! In ein Schraubglas mit Puderzucker stecken, den man auf diese Weise parfümieren kann.) Die vanillesierte Milchsahne kochendheiß zur Eiercreme gießen und alles zusammen unter stetem Schlagen erneut erhitzen, bis die Creme hochsteigt und nahezu kocht. Dann die Schüssel in kaltes Wasser stellen und unter Rühren abkühlen lassen. Die Masse schließlich in der Eismaschine gefrieren.

Käsekuchen

ZUTATEN

Für eine Springform von 24 cm Durchmesser:

Für den Boden:
200 g trockene Kekse (Butterkekse, Löffelbiskuits oder Mürbteigplätzchen)
75 g Butter
2 gehäufte EL Zucker

Für die Füllung:
750 g Schichtkäse (einen Tag lang in einem Sieb abtropfen lassen)
200 g Zucker (zuzüglich 2 EL für den Eischnee)
1 gehäufter EL Vanillezucker
1 Prise Salz
2 EL Zitronenlikör oder Rum
Schale einer ganzen (unbehandelten), Saft einer halben Zitrone
7 Eigelb
2 gehäufte EL Speisestärke
7 Eiweiß

Ein gut gelungener Käsekuchen ist einfach etwas ganz Besonderes. Cremig-zart soll er sein, reich und üppig - und schön hoch. Wir zeigen den Trick, wie das klappt. Dieser Kuchen gelingt garantiert auch weniger geübten Bäckern.

1 Zunächst den Boden vorbereiten: Die Kekse in eine Plastiktüte stecken und mit dem Nudelholz darüberrollen, bis alles klein zerkrümelt ist. Die Butter in einem Topf zerlassen, die Krümel damit mischen, auch den Zucker zufügen und einige Minuten quellen lassen. Diese Masse nun auf dem Boden der Springform verteilen und mit den Fingern gut fest- und flachdrücken.

2 Die Form in den auf 150 °C vorgeheizten Backofen stellen und den Boden etwa 10 bis 15 Minuten backen. Danach auf einem Gitter abkühlen lassen.

3 Inzwischen den Schichtkäse in einer Schüssel mit dem Handrührer glatt rühren, dabei den Zucker sowie Vanillezucker, Salz, Zitronenlikör (oder Rum), Zitronenschale und -saft einarbeiten. Schließlich nacheinander die Eigelb und am Ende die Stärke unter die Masse rühren.

4 Das Eiweiß geduldig steif schlagen, und zwar auf kleiner Stufe, damit viel Luft eingearbeitet und der Schnee schön dicht wird. Dabei eine Prise Salz und zwei Löffel Zucker hineinrieseln lassen. Zunächst ein Drittel des Eischnees unter die Käsemasse heben, erst dann in zwei Portionen den Rest. Anschließend in die Springform auf den inzwischen abgekühlten Boden gießen.

5 Die Form in den 200 °C heißen Ofen stellen (mittlere Schiene), bereits nach 10 Minuten jedoch auf 160 °C herunterschalten. Den Käsekuchen insgesamt 40 bis 45 Minuten backen. Falls dabei die Oberfläche zu dunkel wird, diese mit einem Stück Alufolie abdecken.

TIPP

Ein Trick, damit der Kuchen schön hoch bleibt: Nach der halben Backzeit herausholen und mit einem Messer zwischen Füllung und Rand entlang fahren, sodass die Käseschicht regelrecht vom Formrand abgeschnitten wird. Nach fünf Minuten wieder in den Ofen stellen. Diesen Vorgang zehn Minuten vor Ablauf der Backzeit wiederholen.

Frühlings-menü

Zu Ostern eine Lammkeule

ZUTATEN

Für sechs Personen:

1 schöne Lammkeule von gut ca. 2-2,5 kg
1-2 Knoblauchknollen
je 2-3 Thymian- und Rosmarinzweige
Salz, Pfeffer
3 EL Olivenöl
je 1 Tasse klein gewürfeltes Gemüse: Lauch, Zwiebel, Möhre und Stangensellerie
1 EL Tomatenmark
Schale einer unbehandelten Zitrone
2 Gläser Weißwein
ca. $^1/_2$ l Wasser oder Brühe

Für die Sauce nochmals
3 EL Olivenöl

Lamm zu Ostern, das hat Tradition. Und es passt auch wunderbar, denn um diese Zeit handelt es sich nicht mehr um Milchlämmer, sie haben vielmehr bereits Gras und anderes Grün gespeist – das macht ihr zartes Fleisch würziger. Nehmen Sie ruhig eine größere Keule von zwei Kilogramm und mehr, auch wenn Sie gar keine so große Runde sind. Denn der kalte Lammbraten schmeckt am nächsten Tag, dünn aufgeschnitten, auf einem gerösteten Brot oder zusammen mit Frühlingssalaten, einfach wundervoll.

Eine Lammkeule macht nicht viel Mühe. Man verwendet sie am besten so, wie man sie vom Metzger bekommt. Fett und Sehnen sind bei einem jungen Tier kaum der Rede wert. Bitten Sie den Metzger nur, den Hüftknochen auszulösen. Er stört später beim Aufschneiden. Eventuell auch den Fußknochen, damit die Keule in Ihren Bräter passt. Nehmen Sie die Knochen aber unbedingt mit, sie kommen in die Bratenform und geben der Sauce Kraft. Die Lammkeule wird gewürzt. Sehr gut bekommt es ihr, wenn man sie großzügig mit Knoblauch spickt. Dafür die Zehen schälen und längs in Stifte schneiden. Aber bitte keine Löcher ins Fleisch bohren, um sie hineinzustecken, sondern mit dem Finger die Muskelstränge entlangfahren und zwischen den Sehnen mit einem spitzen Messer einen kurzen, kleinen Schnitt setzen, in dem die Stifte verschwinden können.

Übrigens lässt sich ein Teil der Beilagen am Vortag vorbereiten, sodass man vor dem großen Festessen nicht so unter Zeitdruck steht.

1 Die Keule mit Küchenpapier sauber wischen. Eine Handvoll Knoblauchzehen schälen, in Stifte schneiden und die Keule damit wie oben beschrieben spicken. Auch Thymianzweiglein und Rosmarinblättchen zum Spicken verwenden. Das Fleisch mit reichlich Pfeffer und Salz sowie Olivenöl einreiben.
Zum Braten den Ofen auf stärkste Hitze (250 bis 280 °C) vorheizen. Die Keule auf Thymian- und Rosmarinzweigen in einen Bräter betten und in den Ofen schieben.

2 Nach etwa 15 bis 20 Minuten, wenn das Fleisch rundum richtig angebrutzelt ist, die Gemüse drum herum streuen und etwa fünf bis acht Minuten lang regelrecht anrösten. Dann den Löffel Tomatenmark unter das Gemüse mischen und ebenfalls anrösten. Jetzt auch die Zitronenschale zufügen.

3 Die Hitze nunmehr auf 100 °C herunterschalten. Den Wein angießen, nach weiteren fünf Minuten das Wasser bzw. die Brühe. Die Keule in der nun langsam nachlassenden Hitze etwa eineinhalb Stunden gar ziehen lassen. Sie kann bei 100 °C auch ruhig länger im Ofen bleiben, sie wird sich jetzt nicht mehr stark verändern, allenfalls von kräftig rosa zu weniger rosa – was ja manchem lieber ist.

4 Nach eineinhalb Stunden die Sauce fertigstellen: Die gesamte Flüssigkeit aus dem Bräter durch ein Sieb in eine Kasserolle füllen. Eventuell auch ein bis zwei Löffel von dem Gemüse dazugeben, um die Sauce damit zu binden. Das restliche Gemüse gut ausdrücken. Diesen Saucenfond wenn nötig noch einkochen, dann aufmixen und das enthaltene Gemüse dabei absolut glatt pürieren. Nach Belieben nochmals durch ein Sieb streichen. Anschließend die Sauce mit dem Olivenöl binden: Öl mit dem Mixstab unterrühren, bis sie cremig ist. Dann nochmals abschmecken.
Während dieser Zeit die Keule in Alufolie gehüllt ruhig zurück in den weiterhin 100 °C warmen Ofen stellen.

Niedertemperatur-Garen:

Was ist das?

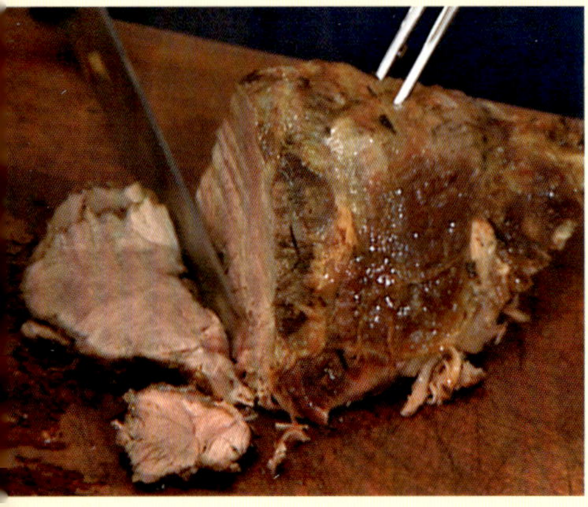

Seit der Begriff zum Schlagwort geworden ist, herrscht darüber oftmals einige Verwirrung. Fest steht: Früher hat man praktisch alle großen Fleisch- und Bratenstücke bei niedrigeren Temperaturen gebraten, schon allein deshalb, weil man sie stets gegrillt hat (der Backofen ist ja eine sehr späte Erfindung!). Bei zu großer Hitze verbrennt das Fleisch außen, ehe es innen auch nur warm ist. Briet man im Steinbackofen, so schob man das Fleisch stets nach dem Brot in die bereits gemäßigte, langsam nachlassende Hitze. Und die Backröhre von Holzöfen erreichte, wollte man die Kochfläche nicht zum Glühen bringen, auch nur eine eher sanfte Hitze.

Mit der Einführung von Gas- und noch später von Elektro-Öfen waren hohe Temperaturen nichts Besonderes mehr – man gab einfach Gas! Und die Hausfrauen stellten erfreut fest, dass so mancher Braten bei hohen Temperaturen schneller gar wurde. Zunächst gaben die Hersteller noch relativ niedrige Temperaturen an, für Fisch und zartes Fleisch wurde sogar das Wärmefach empfohlen. Im Laufe der Zeit ging man mit den Temperaturen immer weiter hinauf: dass der Braten dann nicht mehr so zart war, sondern sogar ziemlich zäh und fest geriet, nahm man als notwendiges Übel in Kauf. Im Laufe der Zeit gewöhnte man sich daran, schließlich fiel es gar nicht mehr auf. Irgendwann fehlte ja auch der Vergleich zu einem korrekt gebratenen Stück…

Auf der Suche nach zartem Braten entdeckten die Köche viel später jedoch wieder das schonende Garen bei milderen Temperaturen und so schloss sich der Kreis: Das Schlagwort vom Niedertemperatur-Garen wurde Mode, und wie jede Mode hat man auch dies wieder auf die Spitze ge-, beziehungsweise sogar übertrieben. Da wurde gewetteifert, wer es bei noch geringerer Hitze schafft. Und im Eifer des Gefechts wurde dann auch ab und zu vergessen, dass das Fleisch eigentlich zuerst angebraten gehört, damit sich eine Kruste bildet, die den Saft im Fleischstück bewahrt. Schließlich entdeckte man den Segen der Vakuumverpackung, in der das Fleisch keinen Saft mehr verlieren konnte. Es wurden sogar spezielle Öfen entwickelt, die Temperaturen konstanter halten konnten als jeder Backofen. Und es wurden Rezepte kreiert, die empfehlen, Fleischstücke mit Gewürzen in Plastikfolie zu packen und dann zwei bis drei Tage bei 67 °C vor sich hin ziehen zu lassen. Das liegt haarscharf unter der Temperatur, bei der das Eiweiß gerinnt – was erst bei 68 °C geschieht. Nicht ganz ungefährlich, denn bei diesen Temperaturen können sich Krankheitskeime in fröhlicher Geschwindigkeit entwickeln und ausbreiten.

Horror? Nein, im Prinzip ist das Garziehenlassen bei niedriger Hitze eine absolut perfekte Garmethode. Allerdings: Zunächst sollte das Fleisch zuvor schön angebraten werden, eine Initialhitze erleben, die die Keime tötet und den Fleischsäften einen ersten Anstoß gibt.

Wir haben viel mit Niedertemperatur experimentiert und nach unserer Erfahrung funktioniert es am besten so:

Das Bratenstück, gewürzt, mariniert und mit schützendem Öl eingestrichen, kommt zunächst in den Backofen, in dem die stärkste Hitze herrscht, zu der dieser fähig ist. In dieser trockenen Strahlungshitze wird das Fleisch rundum sehr schnell und wesentlich wirkungsvoller angebraten, als man das je in einer Pfanne auf dem Herd schafft. Vor allem, wenn es sich um einen so ungleichmäßig geformten Braten handelt wie eine Keule. Gleichzeitig wird das Bratgeschirr erhitzt, das Fleisch röstet, es kühlt selbst dann nicht entscheidend ab, wenn das Wurzelgemüse hinzukommt. Das passiert erst, wenn Flüssigkeit angegossen wird. In diesem Moment muss man die Temperatur herunterschalten. In der nachlassenden und nunmehr feuchten Hitze kann das Fleisch jetzt langsam durchziehen. Die Säfte, die bei dem ersten Hitzeschock ins Innere des Bratenstücks zurückgedrängt wurden, verteilen sich langsam wieder, kehren auch in die Außenschichten zurück und finden wieder Halt in den Zellen.

Wenn dann nur noch 100 bis 120 °C im Ofen herrschen, verändert sich der Braten eine Zeitlang nicht mehr wesentlich. Er kann nicht austrocknen, bleibt sogar saftig, wenn die Gäste sich gewaltig verspäten. Entscheidend für den Garzustand sind nämlich die ersten Minuten des Anbratens. Je größer der Braten, desto länger sollte man ihm dafür Zeit lassen. Faustregel: pro Kilo etwa 10 Minuten.

Artischocken-Polenta

ZUTATEN

Für vier bis sechs Personen:

4-6 mittelgroße Artischocken mit Stiel!
1 Zitrone
2 Schalotten
2-3 EL Olivenöl
60 g Maisgrieß (Polenta – grob oder fein, ganz nach Gusto)
ca. 1/4 l leichte Brühe
Salz
grob geschroteter Pfeffer
glatte Petersilie

Eine herrliche Beilage – und wenn sich Vegetarier zum Ostermenü angesagt haben, auch fabelhaft für sie als Hauptgericht!

1 Pro Person eine Artischocke stutzen: Den Stiel abschneiden, eventuell mit einer Schere die Blattspitzen kappen (falls sie sehr spitz zulaufen und dort Dornen haben). Dann in Salzwasser gar kochen.

2 Die Stiele unterdessen sorgsam schälen – die Kunst ist hier: nicht zu wenig, aber auch nicht zu viel entfernen – und in Zitronenwasser baden, damit sie sich nicht zu dunkel färben.

3 Die Polenta ansetzen: Schalotten schälen und sehr fein würfeln. Artischockenstiele in feine Scheibchen schneiden. Beides im heißen Öl andünsten. Die Polenta zufügen und mitdünsten, dann Brühe angießen, salzen, pfeffern. Leise köcheln, dabei immer wieder rühren und den Topf schwenken, damit nichts ansetzt. Die Polenta soll sehr cremig bleiben, nötigenfalls mehr Flüssigkeit zufügen. Nach ca. zehn Minuten ist die Polenta fertig. Fein gehackte Petersilie unterrühren.

4 Die gekochten Artischocken sind jetzt so weit abgekühlt, dass man sie anfassen kann. Die Blätter vorsichtig auseinanderbiegen, bis man an den Boden gelangt. Alles Harte und alles Heu herausschaben. Auf den freigelegten Boden die Polenta füllen und servieren.

TIPP

Man kann alles schon vor dem Essen fertigstellen und wärmt dann die gefüllten Artischocken im 150 °C heißen Backofen in zehn Minuten oder in der Mikrowelle (bei 700 Watt, 2-3 Minuten) wieder auf.

Löwenzahn mit gebackenem Ei

Den Löwenzahn kann man gebleicht kaufen, das sieht hübsch aus, und es passen dazu noch andere helle, gelbliche Salatblätter – vom Chicoree, Frisée oder der Endivie. Farbakzente lassen sich mit Radicchio setzen.

1 Die Salatblätter mehrmals und gründlich waschen, im Sieb gut abtropfen lassen. Die Zutaten für die Vinaigrette mit dem Schneebesen aufschlagen.

2 Die Eier erst unmittelbar vor dem Servieren panieren: dafür eins pro Person zunächst zweieinhalb bis höchstens drei Minuten in der Schale kochen, dann abschrecken und sehr vorsichtig pellen. Die Eier in der Sahne drehen, dann in Mehl wenden. Anschließend in dem restlichen Ei wälzen, das mit Salz, Pfeffer, Cayenne und Muskat verquirlt ist, und zum Schluss in Semmelbröseln hin- und herdrehen, bis sie vollständig davon überzogen sind. In heißem Öl oder Schmalz schwimmend goldbraun frittieren.

3 Auch die Salatblätter erst jetzt mit der Vinaigrette anmachen: nur ganz rasch und vorsichtig darin wenden, abtropfen und auf Vorspeisenteller als lockere Häufchen in die Mitte setzen. Darauf das heiße, frisch gebackene Ei platzieren. Die Gäste zerteilen dann das Ei mit Messer und Gabel, es ist perfekt, wenn das Eigelb jetzt noch eben cremig, im Innersten sogar noch flüssig ist.

ZUTATEN

Für sechs Personen:

Wildwiesenlöwenzahn oder eine Schüssel gemischte Salatblätter
7 frische Eier
4 EL Sahne
3 EL Mehl
Salz, Pfeffer
5 EL Semmelbrösel
Olivenöl oder Butterschmalz zum Ausbacken

Vinaigrette
½ TL Salz
Pfeffer
3-4 EL milder Apfelessig
1-2 EL Zitronensaft
1 EL Delikatesssenf
4 EL mildes Olivenöl (aus Umbrien oder Ligurien)

Kressesüppchen

Es ist ja immer wieder dieselbe Basis für ein solch leuchtend grünes, aromatisches Süppchen, das je nach Kraut jedes Mal völlig anders schmeckt: fix und so köstlich!

1 Zwiebel fein würfeln und in der heißen Butter weich dünsten, ohne zu bräunen. Gehackten Knoblauch und klein gewürfelte Kartoffel zufügen. Mit Brühe ablöschen und alles weich kochen. Sahne angießen, kräftig würzen.

2 Am Ende die Kresse untermixen – ein bisschen davon als Garnitur aufbewahren. Brunnenkresse eventuell vorher blanchieren. Die grüne Suppe nochmals aufkochen, mit dem Mixstab aufschäumen und gut abschmecken.

ZUTATEN

Für sechs Personen:

1 Zwiebel
2 EL Butter
1-2 Knoblauchzehen
1 mittelgroße Kartoffel (100 g)
$^1/_4$ - $^1/_2$ l Fleisch- oder Gemüsebrühe
200 ml Sahne
Salz, Pfeffer
Muskat
1 Spritzer Worcestershiresauce
2 Handvoll Garten- oder Brunnenkresse

EINLAGE

Gehackte Walnüsse unmittelbar vor dem Servieren über die Suppe streuen.

Orangenmousse auf gegrillter Ananas

Wirkt unerhört anspruchsvoll, ist aber ganz einfach zuzubereiten. Die größte Schwierigkeit wird sein: richtig gute Ananas zu finden!

1 Die Mousse am besten bereits am Vortag herstellen: Orangenschale über dem Zucker sorgsam abreiben, damit die ätherischen Öle auch hineingelangen. Das Eigelb mit diesem Zucker im Wasserbad zu einer dicken, weißen Creme schlagen. Am Ende den Saft der Orange zufügen, auch den Orangenlikör einrühren. In der noch immer heißen Creme die eingeweichte Gelatine auflösen. Kalt stellen, bis die Creme anzieht.

2 Die Eiweiß mit Zucker zu Schnee schlagen und zusammen mit der steif geschlagenen Sahne unter die Creme heben. Anschließend in einer Schüssel zugedeckt kalt stellen.

3 Zum Servieren die Ananas schälen: dafür Schopf und Boden wegschneiden, dann die Schale abtrennen. Die schwarzen Augen in zwei parallel gesetzten Schnitten schräg um die ganze Frucht herum herausschneiden. Die Frucht in dünne Scheiben schneiden und auf Desserttellern als runde Fläche anordnen. Mit Zucker bestreuen und unter dem Grill (oder mit dem Crème-Brûlée-Flammenwerfer) rasch bräunen.

4 Von der Creme mit einem Suppenlöffel Nocken ausstechen und in die Mitte der Ananasscheiben setzen.

DEKORATION

Thaiwürzige Nusskrümel: Dafür 75 g Cashewkerne, 2-3 EL brauner Zucker und 1 kleine Handvoll Thaibasilikumblätter im Zerhacker zu Krümeln mixen. Über das Dessert streuen und sofort servieren.

ZUTATEN

Für sechs Personen:

1 unbehandelte Orange
100 g Zucker
3 Eigelb
2 EL Orangenlikör
2 Blatt Gelatine
3 Eiweiß
2 EL Zucker
200 ml Sahne

Gegrillte Ananas:
1 reife, duftende Ananas
3 EL Zucker oder Puderzucker

Frühlings-salate

Leicht & lecker: Frühlingssalate

Schlank & schön

Im Frühling sehnt man sich nach Frischem, nach knackigem Grün, nach Kräutern und nach Gemüse, am liebsten so zart, dass man es sogar roh essen kann. Außerdem will man den Winterspeck loswerden, deshalb sind solche Gerichte willkommen, die helfen, die Fettverbrennung in Gang zu bringen, zu entschlacken und überhaupt nur wenig Kalorien liefern, damit der Körper seine Fettdepots mobilisiert. Für Letzteres ist natürlich auch Bewegung angesagt. Da trifft es sich gut, wenn man beides miteinander verbindet: Wir gehen raus, zum Frühlingsspaziergang, und nehmen einen Korb, einen Leinenbeutel oder, weniger stilvoll, aber bestens geeignet, weil sie die empfindlichen Kräuter vor dem Austrocknen am besten schützt, eine Plastiktüte mit, um Kräuter zu sammeln.

Wildkräuter von der Wiese

Gerade im Frühling, solange die Kräuter noch zart und jung sind, gibt es auf den Wiesen und an den Ackerrändern eine Menge Auswahl. Den Löwenzahn erkennt sicher jeder, er schmeckt am besten, wenn seine Blättchen nur eine Handbreit aus der Erde gucken. Dann muss man mit einem spitzen Messer möglichst vorsichtig, aber nah genug dran rund um die Pflanze ausstechen: So kommt man an das gelbe, besonders zarte und würzige Herz. Jetzt kann man noch die letzten Feld- beziehungsweise Ackersalatpflänzchen finden, der Sauerampfer ist noch nicht zu sauer, die Taubnesseln noch nicht zu störrisch. Und die Blüten sind schon da, Gänseblümchen, Schlüsselblümchen, auch Veilchen – das alles kann man essen und schmückt zugleich den Salatteller.

Es versteht sich von selbst, dass man nicht unmittelbar neben einer viel befahrenen Straße ernten geht, auch nicht im Park, wo es von Hunden wimmelt, sondern sich lieber einen Waldrand sucht, der möglichst wenig von Zivilisationsschmutz berührt ist. Die Kräuter abschneiden, abknipsen oder zum Teil eben auch ausstechen. Dann locker in die Tüte oder den Korb legen und möglichst bald nach Hause tragen, wo alles sofort verarbeitet wird: Welke oder gelbe Blätter entfernen und die Kräuter mehrmals in frischem Wasser durchspülen. Danach kann man sie lose in einem Gefrierbeutel oder in einer Schüssel und mit einem feuchten Küchenpapier abgedeckt im Kühlschrank ein paar Tage aufbewahren.

Frühlingsgemüse

Der Inbegriff aller Frühlingsgemüse ist natürlich Spargel, unser traditioneller weißer, aber auch sehr beliebt der grüne, der so kräftig nach Gemüse schmeckt. Besonders hübsch ist immer eine Mischung von beidem, dann bekommt der weiße etwas von der Kraft des grünen ab und dieser wird durch die Blässe des weißen geadelt. Bei Spargel immer darauf achten, dass er frisch ist: dass seine Anschnittstellen nicht komplett ausgetrocknet sind, sondern noch saftig wirken. Bis zur Verwendung sollte man ihn stets sorgfältig in ein feuchtes Tuch gehüllt im Gemüsefach aufbewahren.

Aus Süditalien kommen um diese Jahreszeit die Artischocken. Sie sind kleiner als die dickköpfigen Sommerartischocken aus Frankreich, und sie sind so zart, dass man sie auch roh essen kann. Dann sind sie ein umwerfender Genuss! Bei Artischocken gibt's viel Abfall, da muss man seinem sparsamen Herzen einen Stoß geben: Alles Harte, Dunkle, Holzige muss weggeschnitten werden. Das hellgelbe Herz ist empfindlich. Um es vor Oxydation zu schützen und zu verhindern, dass sie sich unschön verfärben, die angeschnittenen Herzen sofort mit Zitronensaft einreiben oder sogar in Zitronenwasser aufbewahren, bis man sie verarbeitet.

Junge Kartoffeln. Bei ihnen kann ja niemand widerstehen, wenn sie auch um diese Jahreszeit noch aus Süditalien herbeigeschafft werden müssen. Achten Sie beim Einkauf darauf, dass die Schale fest sitzt und nicht in losen Fetzchen – das wäre ein Zeichen, dass die Kartoffeln noch vor ihrer Reife geerntet wurden, sie sind dann wässrig und ihr Geld nicht wert. Neue Kartoffeln müssen eine helle, fast transparent wirkende Schale haben und sich fest anfühlen.

Radieschen. Sie sollten nicht zu groß sein, denn von Dünger aufgeblasen schmecken sie nur wässrig und sind oft unangenehm wattig. Radieschen müssen prall und fest sein, ihr Laub fest und eher dunkel als von zu hellem gelblichen Grün. Dann kann man diese Blätter sogar im Salat mit verwenden.

Wildkräutersalat mit jungen Heringen

ZUTATEN

Für vier Personen:

1 Schüssel gemischte Wildkräuter und Blüten (Schlüsselblümchen, Veilchen, Gänseblümchen)
3 EL Essig
Salz, Pfeffer
3-4 EL Olivenöl
4 junge Heringe
3 EL Mehl
1 gehäufter TL Delikatesspaprika
Öl zum Braten

Das Schönste am Frühjahr sind natürlich die Wildkräutersalate. Man muss nur die Augen aufsperren, dann begegnen einem die Kräuter beim Spaziergang überall: in der Wiese, an der Böschung, oder im Bach die schöne Bachkresse. Alles wird sorgfältig verlesen und geputzt, die dicken Stiele abgeknipst. Dann ist der Salat ziemlich schnell angemacht. Junge Heringe, man sagt auch grüne Heringe dazu, stammen aus dem frischen Fang, sie sind weder gebeizt noch eingelegt. Eine Delikatesse, wenn man sie wirklich frisch bekommt – und dann braucht man auch nicht zu fürchten, dass sie beim Braten riechen…

1 Die Kräuter verlesen, putzen und gründlich waschen. In einer Schüssel mit dem Essig wenden, Salz darüberstreuen und pfeffern. Erst jetzt mit Olivenöl besprenkeln und alles rasch mischen.

2 Die Heringe unter kaltem Wasser gründlich waschen und mit Küchenpapier gut abtrocknen. Das Mehl auf einem Stück Folie verteilen und mit Paprika mischen, dabei auch salzen und pfeffern. Die Heringe darin wenden, bis sie hauchzart davon überzogen sind.

3 Die Heringe in reichlich Öl schwimmend sanft auf beiden Seiten knusprig backen. Dabei die Pfanne immer wieder schwenken, damit das Bratfett in die Heringe hineinschwappt und sie auch von innen mit seiner Hitze erreicht.

4 Auf Küchenpapier abtropfen lassen und heiß zum Salat servieren.

BEILAGE

Grau- oder Vollkornbrotbrot.

GETRÄNK

Hierzu passt ein knackiger Riesling, zum Beispiel ein Brüssele vom Württemberger Weingut Adelmann.

Salat von gebratenen Artischocken

Hier kommt die adstringierende Bitterkeit der Artischocken besonders gut zur Wirkung.

1 Die Artischocken putzen, schälen und das Herz in Segmente schneiden – je nach Größe achteln oder sogar sechzehnteln. Mit Zitronensaft einreiben oder in Zitronensaft baden und vor Verfärben bewahren. In einer großen Pfanne im heißen Öl langsam anbraten, dann die ebenfalls geachtelten oder in noch kleinere Segmente geschnittenen weißen Zwiebeln zufügen (das Grün beiseite legen, erst ganz zum Schluss in feinen Ringen zufügen), schließlich auch die gepellten und halbierten (notfalls sogar geviertelten) Kartoffeln. Alles langsam braten, dabei salzen und pfeffern. Nach fünf bis acht Minuten die geschälten Knoblauchzehen und nach weiteren zwei Minuten die Zuckerschoten zufügen.

2 Das Gemüse sollte knackig sein, aber dennoch gar. Schließlich in eine Schüssel füllen, die abgezupften Kräuter zufügen und alles mit Essig und dem restlichen Öl beträufeln. Rasch mischen, nicht mehr stehen lassen, sondern sofort servieren.

BEILAGE

Einige Scheibchen Schinken, Roastbeef oder auch einfach gar nichts außer Brot.

GETRÄNK

Ein junger, fruchtiger Rotwein, zum Beispiel aus Sizilien.

ZUTATEN

Für zwei bis vier Personen:

2-3 Artischocken (je nach Größe)
1 Zitrone
ca. 6 EL Olivenöl
Salz, Pfeffer
2-3 weiße, junge Zwiebeln
ca. 6-8 kleine, gekochte Pellkartoffeln (gründlich gebürstet!)
1/2 Knolle junger Knoblauch
1-2 Handvoll Zuckerschoten (Zuckererbsen mit Schoten/Mangetouts)
1-2 Handvoll gemischte Kräuter (Kerbel, Estragon, Liebstöckel, Basilikum, Schnittlauch)
2 EL aromatischer Essig (Sherry-, Chili- oder Estragonessig)

Salat von grünem Spargel mit Ei

ZUTATEN

Für vier bis sechs Personen:

1,2 kg grüner Spargel
Salz
1 Prise Zucker
4-6 Eier
1-2 Bund Schnittlauch
100 g durchwachsener Speck
3 EL Olivenöl
2 EL Weinessig (oder Zitronensaft)
Pfeffer

Ein Rezept aus Italien, wo man überall dort, wo Spargel wächst, diese Kombination mit Ei und Vinaigrette sehr liebt.

1 Den Spargel waschen und sorgsam schälen (es ist ein Missverständnis, wenn man glaubt, grüner Spargel müsse nicht geschält werden. Die Haut beginnt zwar erst einige Zentimeter unter der Spitze, zäh zu werden, aber von dieser Stelle an muss sie weggeschnitten werden, sonst ist es kein Genuss!). Dann in wenig gesalzenem Wasser, mit einer Prise Zucker, bissfest kochen.

2 Inzwischen die Eier in fünf bis sechs Minuten wachsweich kochen (das Gelbe soll so weich sein, wie das Wachs unter dem Docht einer vor zehn Minuten verlöschten Kerze). Schnittlauch in Röllchen schneiden.

3 Den Speck in feine Streifchen schneiden. In einer Pfanne sanft ausbraten, vom Herd ziehen und mit dem Öl vermischen. Den Spargel auf Tellern anrichten, jeweils ein gepelltes Ei danebensetzen und mit einer Gabel zerteilen. Mit Essig oder Zitronensaft beträufeln, die Speckstreifchen und Schnittlauchröllchen darübergeben und sofort servieren.

BEILAGE

Frisches Weißbrot.

GETRÄNK

Ein üppiger Chardonnay aus der Pfalz, der sogar im Barrique (kleinen Eichenfass) ausgebaut wurde, zum Beispiel vom Weingut Bürklin-Wolf in der Pfalz.

TIPP

Wer beim Kräutersammeln auch ein paar Morcheln findet, serviert diese köstlichen Frühlingspilze zum Spargel. Sorgfältig mehrmals waschen, klein schneiden und in etwas Butter einige Minuten dünsten. Salzen, pfeffern und mit einem Spritzer Madeira würzen. Über den Spargel verteilen, als Vorspeise servieren (Bild Seite 68).

Löwenzahnsalat mit Speck und Nüssen

Ihn kann man nicht kaufen: Wilden Löwenzahn muss man selber auf einer – von Hunden verschonten – Wiese stechen. Und man darf ihn unbedingt erst ganz kurz vor dem Essen anmachen, sonst fallen die empfindlichen Blätter zusammen! Die übrigen Bestandteile des Salates kann man aber bereits fix und fertig vorbereiten und braucht sie dann nur noch zu mischen. Wichtig: Speck, Croutons und Nüsse in der Pfanne lassen, sodass man sie vor dem Servieren noch einmal erhitzen und knusprig machen kann.

1 Den Löwenzahn gründlich verlesen und putzen, mehrmals waschen.

2 Speck in feine Streifchen schneiden und in einer Pfanne ausbraten. Das in kleine Würfel geschnittene Brot mitrösten; sobald es knusprig ist, die Kürbiskerne und die grob gehackten Haselnüsse zufügen.

3 Löwenzahn zum Servieren mit dem Essig mischen und pfeffern, dann den heißen Pfanneninhalt darüberkippen und schließlich das frische Öl. Rasch vermengen, damit das heiße Fett die störrischen Löwenzahnblätter ein wenig weicher macht. Auf Teller verteilen und sofort servieren, auf keinen Fall mehr stehen lassen.

BEILAGE

Einfach nur Brot. Es passen aber auch sehr gut kross gebratene Lammkoteletts.

GETRÄNK

Wir haben dazu einen kraftvollen Rotwein getrunken, einen Imperial vom Weingut Schloss Halbthurn im Burgenland.

ZUTATEN

Für vier Personen:

1 Schüssel geputzter Löwenzahn
75 g Speck in dünnen Scheiben
2-3 Graubrotscheiben
2-3 EL Kürbiskerne
1 Handvoll Haselnüsse
3 EL Essig (fruchtiger Obstessig)
Pfeffer
2-3 EL Olivenöl

Frühlingssalat mit Kaninchen

ZUTATEN

Für vier bis sechs Personen:

1 Kaninchenrücken
1 TL Gewürzmischung (siehe rechts)
2 EL Olivenöl
4-5 EL Weißwein
etwas Brühe
je 1 gute Handvoll Kräuter und Salatblätter (Kopfsalat, Eichblattsalat, Chicoree, Radicchio, Brunnenkresse, Kerbel, Schnittlauch, Petersilie, Sprossen)
1 Bund Radieschen
1-2 Frühlingszwiebeln

Hier kommt alles hinein, was man auf dem Markt oder beim Gemüsehändler findet. Und wer kein Kaninchen kriegt, nimmt einfach Hähnchenbrust.

1 Zuerst die Würzmischung herstellen – sie passt übrigens auch wunderbar zu jedem anderen hellen Fleisch (Huhn, Pute, Kalb). Deshalb ruhig die ganze Menge auf einmal herstellen und den Rest in einem Schraubglas aufbewahren. Die Würzkörner mit den Chilis (nach Gusto entkernen oder nicht: in den Kernen steckt die meiste Schärfe!) in einer trockenen Pfanne rösten, bis sie in der Pfanne hüpfen und duften. Mit den übrigen Zutaten im Mörser oder im elektrischen Zerhacker zu Pulver zerkleinern.

2 Den Kaninchenrücken auslösen, die Filets sorgfältig häuten und mit etwas Würzmischung einreiben. Bei mittlerer Hitze langsam rundum golden braten – nicht zu heftig, das Fleisch soll innen noch schön saftig bleiben. Schließlich in Folie wickeln und bei 60 °C im Backofen warm stellen. Den Bratensatz mit einem Schuss Wein, eventuell auch mit einem Schuss Brühe ablöschen und cremig einkochen.

3 Inzwischen die Blätter und Kräuter von den Stielen zupfen und gründlich waschen. Radieschen putzen (die schönen Blätter zum Salat tun) und in feine Stifte hobeln. Die Frühlingszwiebel in feine (das Weiß) und etwas breitere Ringe (das Grün) schneiden. Schließlich die Vinaigrette anrühren, mit einer Gabel oder dem Schneebesen cremig aufschlagen. Die Salatblätter, Radieschen und Frühlingszwiebeln ganz rasch darin wenden und auf Vorspeisentellern verteilen.

4 Das Kaninchenfleisch schräg in dünne Scheibchen schneiden und rund um den Salalt drapieren. Den Bratensatz mit der restlichen Marinade aufschlagen und über die Kaninchenscheiben träufeln. Mit Schnittlauchölklecksen dekorieren.

BEILAGE

Zu dieser Vorspeise genügt ein bisschen Weißbrot. Wer den Salat als vollständiges Essen servieren will, serviert dazu junge Kartöffelchen – gekocht oder auch gebraten.

GETRÄNK

Hier könnte es sogar ein leichter Rotwein sein. Wir haben einen weißgekelterten Spätburgunder getrunken, vom Weingut Kranz aus der Pfalz.

Vinaigrette:
Salz, Pfeffer
3 EL milder Essig (Apfel-, Himbeer- oder Sauerkirschessig)
1-2 EL Zitronensaft
Zitronenschale
½ TL Honig
1 TL Apfelbalsam
3-4 EL Olivenöl

Würzmischung für Kaninchen:
1 EL Senfkörner
1 EL weißer Pfeffer
1 EL schwarzer Pfeffer
1 EL rosa Pfefferbeeren
2-3 getrocknete Chilis
1 TL brauner Zucker
1 TL Salz
1 TL Thymianblättchen

Schnittlauchöl:
1 Bund Schnittlauch
Salz
1 Prise Zucker
100 ml Olivenöl

Risotto

Risotto:

Reis, wie man ihn in Italien liebt

Es hat sich ja schon längst bei uns herumgesprochen, dass Risotto das Zeug zum Lieblingsgericht hat. Wenn er so cremig und sanft ist, wie ein perfekter Risotto sein sollte – die Körner schmelzend, jedoch noch leicht Widerstand bietend, dabei eindeutig und kräftig im Geschmack –, dann schmilzt man dahin wie das Stückchen Butter, das am Ende hineingerührt wird. Hinzu kommt, dass man einen Risotto immer wieder anders aromatisieren kann, mit unterschiedlichen Kräutern oder Gewürzen, von Bärlauch bis Safran, mit den verschiedensten Gemüsesorten, von Aubergine bis Zucchini, oder mit anderen geschmacksbestimmenden Zutaten: ganz vegetarisch, mit immer wieder anderem Käse, oder auch mit Fisch, Fleisch oder Meeresfrüchten.

Risotto: Der richtige Reis

Es muss ein **Rundkornreis** sein, mit dem sonst bei uns eher gebräuchlichen Langkornreis klappt die Sache nicht. Der wahre Risottoreis kommt aus Italien, dort wird er hauptsächlich in der Poebene angebaut. Der bekannteste Reis dort ist der **Arborio** aus dem gleichnamigen Ort. Als feiner gilt der **Vialone Nano**, und der Rolls Royce unter den Risottoreissorten ist der **Carnaroli**. Ein Geheimtipp ist der **Rosa Marchetti**, der wirklich sehr rar ist, aber dem Paellareis **Bomba** aus Spanien in Form und Geschmack so ähnlich, dass man ihn gut damit ersetzen kann. Übrigens könnte man auch den rundkörnigen japanischen Reis, den man sonst für Sushi nimmt, verwenden. Nicht nehmen sollten Sie das, was man bei uns Milchreis nennt. Dabei handelt es sich zwar auch um einen Rundkornreis, aber er zerkocht schnell zu unansehnlichem Brei. Es fehlt ihm der typische Biss sowie Geschmack.

In jedem Fall wird der Reis vor dem Kochen nicht gewaschen: Er ist ohnehin sauber. Heutzutage ist es eigentlich niemals nötig, Reis zu waschen. Aber in diesem Fall kommt noch hinzu, dass die Stärke, die an den Reiskörnern haftet, dringend benötigt wird, um dem Risotto eine schöne Bindung zu geben, ihn cremig zu machen. Und schließlich noch eins: Risottoreis in der angebrochenen Packung im Tiefkühler aufbewahren – so bleibt der Reis besser frisch!

Die Brühe

Es sollte eine sehr leichte, schwache Brühe sein – sie wird ja immer wieder eingekocht, bis der Risotto gar ist, und eine dichte, würzige Fleischbrühe könnte dann zu stark und intensiv geraten. Man braucht nicht mehr als 1 Stück Lauchstange, 1 Möhre, 1 Zwiebel, eventuell ein paar Abschnitte vom Bleichsellerie, einige Petersilienstiele. Alles mit Wasser bedecken. Ein, zwei Lorbeerblätter und 1 TL Pfefferkörner dazugeben, eventuell einige Senfkörner und/oder Pimentbeeren. Kein Salz!

Leise mindestens eine Stunde köcheln, gegebenenfalls frisches Wasser angießen, noch mehr Gemüseabschnitte zufügen...

Tipps, damit der Risotto auch wirklich gelingt

- Einen Topf nehmen, der die Hitze schnell aufnimmt und gut leitet. Am besten eignet sich ein Kupfertopf oder eine Kasserolle mit Kupferkern, beziehungsweise einem Eisenkern, falls man mit Induktion arbeitet. Diese ist übrigens gerade fürs Risottokochen ideal, weil sich die Temperatur so schnell regulieren und exakt einstellen lässt. Gut geeignet ist auch ein gusseiserner Topf.
- Nie die gesamte Menge Brühe auf einmal angießen, immer erst dann eine Kelle hinzuschütten, wenn die vorige aufgenommen und verkocht ist.
- Die Brühe zum Angießen sollte in einem zweiten Topf daneben bereit stehen. Es ist wichtig, dass sie heiß ist, nicht kalt auf die heißen Reiskörner geschüttet wird. Sonst verklebt die Stärke und kann den Fond nicht binden. Folge: Der Risotto wird nicht cremig.
- Bei sehr trockenem Reis kann es sein, dass man mehr Flüssigkeit als im Rezept angegeben benötigt. Trotzdem darauf achten, dass der Reis nicht zu weich wird, er sollte einen Hauch von Biss behalten, sonst wird der Risotto zu unansehnlichem Brei.
- Zutaten, die mitkochen, nach ihrer Garzeit zufügen. Was längere Garzeit verträgt, darf von Anfang an hinzu, Empfindliches sollte man erst am Ende unterrühren. Grünes, das die Farbe behalten soll, ebenfalls, eventuell in einer zweiten Pfanne andünsten. Und mit der Säure aufpassen: Sie darf keine Gelegenheit haben, zu lange einzuwirken und so das schöne Grün zu verderben...

Bezugsquellen für guten Risottoreis:

Im Prinzip bekommt man eigentlich überall in guten Supermärkten und in den Lebensmittelabteilungen großer Kaufhäuser eine schöne Auswahl von den verschiedensten Reissorten. Empfehlenswert sind auch manche Versandunternehmen für Feinkostprodukte wie beispielsweise:

www.vincent-becker.de

www.oliva-verde.de

www.garibaldi-wein.de

www.bosfood.de

Das Grundrezept: Safranrisotto

Wer das Grundprinzip beherrscht und weiß, wie ein Risotto perfekt gelingt, der kann bald ganz allein auf dieser Tonleiter spielen. Denn das ist das Schöne daran: Es lassen sich praktisch alle Zutaten für einen Risotto verwenden.

ZUTATEN

Für drei bis vier Personen:

1 kleine, weiße Zwiebel
oder 2 Schalotten
70 g Butter
200 g Risottoreis
1 Glas Weißwein
ca. 1,2 l leichte Hühner- oder Gemüsebrühe
Salz, Pfeffer
1 Döschen oder Briefchen Safran
etwas Zitronensaft und abgeriebene Zitronenschale
50 g frisch geriebener Parmesan
1 Bund Schnittlauch

1 Die Zwiebel/Schalotten sehr fein würfeln und in zwei Esslöffeln heißer Butter andünsten. Den Reis hinzuschütten, schön durchschwitzen, bis alles von Fett überzogen glänzt, und schließlich mit einem Glas Weißwein ablöschen.

2 Erst wenn dieser nahezu vollkommen verkocht ist, mit heißer Brühe aufgießen. Nie zu viel auf einmal, immer schöpfkellenweise, damit die Reiskörner nicht ertrinken, sondern immer nur benetzt werden. Alles langsam am Köcheln halten, immer wieder heiße Brühe nachgießen.

3 Nach ca. 20 Minuten, wenn die Reiskörner aufgequollen und weich sind, aber innen noch einen hauchzarten Biss aufweisen, würzen: mit Salz, Pfeffer und mit Safran. Diese Fäden oder das Pulver in etwas Brühe auflösen, bevor sie untergerührt werden, so geben sie besser ihre schöne Farbe ab.

TIPP

Wichtigster Bestandteil des klassischen Risotto Milanese ist Safran. Er färbt den Reis gelb.

4 Dann frisch geriebenen Parmesan und ebenso viel Butter in Flöckchen unterschwenken. Jetzt mit einigen Tropfen Zitronensaft den Risotto erfrischen – das ist für den Geschmack von elementarer Bedeutung! Noch eine Minute ziehen lassen. Der Risotto soll jetzt cremig weich sein, gelb leuchten und verführerisch duften.
In tiefen Tellern anrichten. Ein paar Schnittlauchröllchen als Farbklecks drauf und servieren.

GETRÄNK

Normalerweise passt ein Gavi oder Pinot grigio oder bianco, der Wein mit dem man den Risotto angesetzt hat. Wir haben mit größtem Vergnügen einen sehr reifen Silvaner aus dem Jahre 2000 dazu getrunken, einen Julius Echterberg, vom Weingut Wirsching in Franken.

TIPP

Ob man den Risotto mit Butter, Schmalz, Speck (Lardo) oder Olivenöl zubereitet, ob man Rinderfett oder Ochsenmark nimmt (das klassischerweise in den Risotto Milanese gehört) – jedes Mal schmeckt er natürlich anders.

Bärlauchrisotto

ZUTATEN

Für vier Personen:

1 Zwiebel
50 g Lardo oder grüner (ungeräucherter) Speck
1 EL Olivenöl
200 g Risottoreis
gut 1 l Hühner- oder Gemüsebrühe
50 g Butter
1 dicker Strauß Bärlauchblätter
25 g geriebener Parmesan
100 g Büffelmozzarella
Salz, Pfeffer
Zitronensaft und -schale

TIPP

So kann man Bärlauch für die bärlauchlose Zeit einfrieren! Die Bärlauchbutter einfach zu Rollen formen und in Klarsichtfolie wickeln.

Diesmal nehmen wir fein gewürfelten Lardo (salzgebeizter, italienischer Rückenspeck), der milder ist als normaler Speck (den man natürlich notfalls ebenfalls nehmen kann): Er wird in etwas Olivenöl angedünstet. Statt mit Wein wird hierbei nur mit Brühe abgelöscht, denn alle grünen, also farbempfindlichen Zutaten dürfen nicht mit der Säure vom Wein in Berührung kommen, weil sie sonst unschön grau werden. Die für die Bekömmlichkeit nötige Säure wird ganz zum Schluss in Form von Zitronensaft hinzugefügt.

1 Den Risotto ansetzen und kochen, wie im Grundrezept beschrieben: Zwiebel fein würfeln und mit dem winzig fein gewürfelten Speck und einem Schuss Olivenöl andünsten. Den Reis mitdünsten, diesmal jedoch nicht mit Wein ablöschen (s. o.!), sondern gleich die Brühe angießen. Leise köcheln, immer wieder rühren und so viel Brühe zufügen, bis der Reis weich ist, aber noch den nötigen Biss hat. Erst dann die Bärlauchbutter einrühren: Dafür zimmerwarme Butter mit grob zerkleinertem Bärlauch glatt mixen.

2 Den geriebenen Parmesan unterrühren, am Ende auch den frischen, in kleine Würfel geschnittenen Büffelmozzarella. Gut mit Salz und Pfeffer sowie mit Zitronensaft und -schale abschmecken – fertig!

BEILAGE

Wenn es überhaupt etwas sein muss, dann passen hierzu gegrillte Lammkoteletts oder ein saftiges Schnitzel.

GETRÄNK

Was den Wein angeht, so sollte der ordentlich Wumm haben, um den Aromen Widerpart zu bieten und der Säure standzuhalten. Es empfiehlt sich zum Bärlauch ein kraftvoller Pfälzer, zum Beispiel ein Weißburgunder vom Weingut Rebholz. Serviert man Lammkoteletts dazu, passt natürlich ebenso gut ein Spätburgunder, ruhig auch aus der Pfalz!

Zitronenrisotto

Er ist frisch und säuerlich, am Ende gehört noch eine Menge fein gehackte Petersilie hinein. Unbedingt glatte Petersilie verwenden, die im Aroma besser dazu passt! Duftet herrlich, sieht wunderschön aus.

1 Die fein gewürfelte Zwiebel im heißen Öl andünsten, den zerdrückten oder gehackten Knoblauch dazugeben sowie den Reis. Gut durchschwitzen und dann mit Wein ablöschen. Sobald dieser verkocht ist, wie oben beschrieben kellenweise die heiße Brühe angießen. Leise köcheln, bis der Reis gar ist. Jetzt die abgeriebene Zitronenschale zufügen und mit Salz und Pfeffer würzen. Butter und geriebenen Parmesan sowie die Zitronenfilets unterrühren, zum Schluss reichlich sehr fein gehackte, glatte Petersilie.

BEILAGE

Köstlich dazu gebratene Hähnchenflügel oder -keulen (siehe Tipp).

GETRÄNK

Wenn es Hähnchen dazu gibt, kann man als Wein sogar einen Rosé anbieten, zum Beispiel aus Apulien; ansonsten passt ein säurebetonter Riesling Kabinett aus einem deutschen Anbaugebiet, etwa aus Rheinhessen, zum Beispiel vom Weingut Geil.

TIPP

***Asienwürzige Hähnchenbissen:** Dafür Hähnchenflügel oder -keulen jeweils im Gelenk in zwei Stücke schneiden. Mit 2 EL Fischsauce, 1 EL Sojasauce und 1 EL Zucker in einen Gefrierbeutel packen und gut verschließen. Zwei Stunden (bis zu zwei Tagen) marinieren. Dann im Backofen oben auf dem Grill knusprig rösten.*

ZUTATEN

Für vier Personen:

1 weiße Zwiebel
2 EL Olivenöl
2-3 dicke Knoblauchzehen
200 g Risottoreis
1 Glas Weißwein
gut 1 l Brühe
Schale und Filets einer ganzen Zitrone
Salz, Pfeffer
30 g Butter
30 g frisch geriebener Parmesan
1 Bund glatte Petersilie

Risotto mit Auberginen & Zucchini

Sozusagen Gemüse von A bis Z: Den Risotto wie immer ansetzen, die Auberginenwürfel kommen gleich zu Beginn dazu. Die empfindlichen Zucchini werden erst kurz vor Schluss untergerührt, sie sind ja in wenigen Minuten gar. So behalten sie Biss, Farbe und bringen frischen Geschmack.

1 Zuerst die gehackte Zwiebel in der Hälfte des Olivenöls andünsten, dann gehackten Knoblauch dazugeben und die in zentimeterkleine Würfel geschnittene Aubergine. Nun den Reis unterrühren, mit Weißwein ablöschen und mit der immer kellenweise zugefügten Brühe fast gar kochen. Mit Salz und Pfeffer würzen.

2 Den ebenfalls zentimeterklein gewürfelten Zucchino unter den fast fertigen Reis mischen, nach fünf Minuten Butter und Parmesan unterrühren. Zum Schluss mit Zitrone (Saft und Schale) abschmecken und schließlich in feine Streifen geschnittenes Basilikum oder Rucola untermischen.

ZUTATEN

Für vier Personen:

1 Zwiebel
3 EL Olivenöl
2 Knoblauchzehen
1 kleine Aubergine (200 g)
200 g Reis
1 Glas Weißwein
gut 1 l Brühe
Salz, Pfeffer
1 Zucchino (ca. 200 g)
30 g Butter
30 g frisch geriebener Parmesan
etwas Zitrone
Basilikum oder Rucola

BEILAGE

Dazu passen kurz in Olivenöl geschwenkte Garnelen oder gebratene Streifen von Fischfilet.

GETRÄNK

Der Wein dazu sollte sehr säurebetont sein, etwa ein Riesling aus dem Rheingau oder von der Mosel.

Risotto mit Salsicce, Speck und Staudensellerie

Ein besonders herzhafter und gehaltvoller Risotto, der nun wirklich eine ganze Mahlzeit ist und keine Beilage braucht – allenfalls einen frischen Blattsalat.

1 Den Speck würfeln und im heißen Olivenöl auslassen. Die fein gewürfelte Zwiebel darin andünsten, anschließend den gehackten Knoblauch zufügen sowie die sehr fein gewürfelte, entkernte Chilischote. Das Brät aus der Wurstpelle lösen, zu kleinen Bällchen formen und mitdünsten. Die Fenchelsamen hacken und zufügen. Schließlich die Selleriestangen fädeln (die Blätter aufbewahren), quer in Scheibchen schneiden und ebenfalls in den Topf rühren. Erst jetzt den Reis zufügen und mitdünsten. Mit Wein ablöschen, salzen und pfeffern. Die Brühe nach und nach angießen.

2 Sobald der Reis schön bissfest, aber noch nicht ganz weich ist, die halbierten Tomätchen zufügen (wer die Arbeit nicht scheut, hat sie zuvor mit kochendem Wasser überbrüht und gehäutet) und einige Minuten mitköcheln. Erst dann Butter, Pecorino und Ricotta unterrühren, das macht den Risotto wunderbar cremig. Nun mit der Zitrone abschmecken. Zum Schluss das fein geschnittene Blattgrün vom Sellerie und nach Belieben auch Basilikum unterrühren.

BEILAGE

Hierbei wirklich nicht nötig, außer etwas krumigem Weißbrot.

GETRÄNK

Diesmal kann's sogar ein Roter sein, ein junger Sangiovese, aus dem Chianti beispielsweise, aus der Romagna oder den Marken.

ZUTATEN

Für vier Personen:

75 g durchwachsener Bauchspeck (in Scheiben von 3 mm)
1 EL Olivenöl
1 Zwiebel
2-3 Knoblauchzehen
1 kleine Chilischote
3-4 kleine frische Bratwürste (italienische Salsicce oder Nürnberger)
1/2 TL Fenchelsamen
2 Stangen Staudensellerie
200 g Risottoreis
1 Glas Weißwein
Salz, Pfeffer
gut 1 l Brühe
8-10 kleine Cocktailtomaten
30 g Butter
40 g geriebener Pecorino
2 gehäufte EL Ricotta oder Schichtkäse
Zitronenschale und -saft zum Abschmecken
eventuell Basilikum

Gekochtes Rind

Gekochtes Rind & grüne Sauce:

Der Klassiker – ganz neu entdeckt!

Man spricht vom Tafelspitz und meint meist gekochtes Rindfleisch. Als sei dies eine Zubereitung. Dabei handelt es sich beim Tafelspitz um ein ganz bestimmtes Stück aus dem Hinterviertel, das tatsächlich spitz zuläuft. Es ist heutzutage kein Problem mehr, das Stück korrekt zugeschnitten zu bekommen, unsere Metzger haben den Wiener Schnitt längst drauf – aber wir finden, dieser Tafelspitz ist gar nicht so empfehlenswert. Denn es ist ein sehr mageres Stück und es wird deshalb leicht trocken.

Wir empfehlen, sich lieber ein Stück aus dem vorderen Teil der Hochrippe schneiden zu lassen, ein Stück vom Brustkern zu nehmen oder die vom Knochen gelöste Wade – das sind alles Teile, die nach dem Kochen herrlich saftig bleiben. Und unser Liebling: Ein Stück aus der Schulter, nämlich die Schulternaht mit der schönen Gallertlinie in der Mitte, auch flacher Bug genannt (siehe Bild links).

Das Fleisch aufsetzen

Ein großer Topf ist nötig, der nicht nur das Fleisch bequem fasst, sondern auch die Knochen, die wir uns beim Metzger geben lassen, damit die Brühe schön Kraft und durch deren gallertige Stoffe auch einen guten Stand bekommt. Außerdem ausreichend Gemüse, sonst schmeckt die Brühe flach und einseitig. Auf alle Fälle gehört ja eine gute Brühe zu diesem Festessen dazu!

Aber immer wieder behaupten kluge Leute, man könne nicht beides haben, eine kräftige, schmackhafte Brühe und saftiges, zartes Fleisch. Wir setzen dagegen und meinen: Das Gegenteil ist richtig. Wichtig ist nur, dass das Fleisch niemals kocht, sondern während der gesamten Garzeit unterhalb des Siedepunkts gehalten wird. Heftig wallendes Kochwasser laugt die Fleischfasern aus, zerstört das Eiweißgerüst und macht das Fleisch unweigerlich und unrettbar trocken.

Zartes Rindfleisch und eine gute Brühe

Ideal ist, das Fleisch bereits am Vortag zu sieden. Dann kann es nämlich bis zum Servieren einmal abkühlen, so wird die Faserstruktur wieder fest und das Fleisch lässt sich in glatte, gleichmäßige Scheiben aufschneiden. Aufgewärmt sind sie in ein bisschen heißer Brühe schnell.

1 Zuerst den Suppentopf mit Knochen auslegen. Wenn es sich um Markknochen handelt, vorher das Mark unbedingt herausdrücken, es löst sich nämlich sonst beim Kochen auf und wird als Fett später abgeschöpft, ist dann also verloren. Das Mark löst sich übrigens leichter, wenn man die Knochen gewässert hat. Anschließend muss man es ebenfalls wässern, dabei immer wieder das Wasser wechseln, bis das Mark fast weiß geworden ist. Wir brauchen es für die Schnittlauchklößchen (siehe nächste Seite).

2 Auf das Knochenbett das Fleisch legen, dann das geputzte und grob zerkleinerte Suppengemüse sowie den Kräuterstrauß drum herum verteilen. Die Gewürze zufügen und das Ganze mit Wasser auffüllen. Dieses langsam, ohne Deckel, zum Kochen bringen. Den Schaum, der sich dabei oben entwickelt, nicht abschöpfen. Es ist Eiweiß, das die Brühe klären wird! Vorausgesetzt jedoch, man lässt sie nicht brausend kochen, sondern sich nur ganz leise und sanft bewegen. Das Fleisch so, das heißt unterhalb des Siedepunkts, ca. drei (die Wade sogar vier) Stunden gar ziehen lassen.

3 Am Ende die Brühe durch ein Sieb filtern, das ausgekochte Gemüse wegwerfen. Das Fleisch mit Brühe bedeckt bis zum Servieren kalt stellen.

TIPP

Eine schöne goldene Farbe und kräftigen Geschmack bekommt die Brühe, wenn man eine halbierte, ungeschälte Zwiebel an der Schnittfläche in einer Pfanne oder auf einem Stück Alufolie auf der heißen Herdplatte dunkel röstet und dann mitkochen lässt.

ZUTATEN

Für sechs bis acht Personen:

einige Fleisch- und Markknochen
2 kg Rindfleisch (siehe linke Seite)
1 Möhre
1 Lauchstange
1/4 Sellerieknolle
1 Strauß aus Petersilienstielen, Lorbeerblättern, Thymianzweiglein
1-2 Chilischoten
1 EL Pfefferkörner
4 Pimentbeeren
1 TL Senfsaat
1 EL Salz
gut 2,5 l Wasser

Mark-Coucousklößchen mit Schnittlauch

ZUTATEN

Für sechs bis acht Personen:

50 g Mark (oder Butter)
1 kleine Zwiebel oder Schalotte
150 ml Brühe
50 g Couscous oder Bulgur (Hartweizenschrot)
Muskat
Salz, Pfeffer
eine Spur Cayennepfeffer
1 Ei
2 gehäufte EL Parmesan
Schnittlauch

Auch sie kann man bequem am Vortag produzieren – übrigens sogar auf Vorrat und dann einfrieren! Einzeln nebeneinander auf einem mit Klarsichtfolie bedeckten Tablett einfrieren, dann in einen Gefrierbeutel füllen – so lassen sich die Klößchen nach Bedarf einzeln entnehmen.

1 Das Mark würfeln und in einem kleinen Topf erhitzen. Die Zwiebel sehr fein würfeln oder sogar reiben und darin andünsten. Nun die Brühe zufügen und schließlich den Couscousgrieß hineinrieseln lassen. Ca. fünf Minuten leise köcheln lassen. Mit Muskat, Salz, Pfeffer und Cayennepfeffer würzen.

2 Vom Herd ziehen, das Ei sowie den Käse unterrühren. Die Masse quellen und etwas auskühlen lassen. Erst dann den in feine Röllchen geschnittenen Schnittlauch einarbeiten.

3 Mit einem Teelöffel Häufchen abstechen und daraus zwischen den angefeuchteten Handflächen Klößchen formen. In kochendes Salzwasser geben und unterhalb des Siedepunkts etwa fünf Minuten gar ziehen lassen.

TIPP

Wer kein Mark zur Hand hat, bereitet diese Klößchen stattdessen mit Butter zu.

Goethes „Grie Soß“

Natürlich gibt es vermutlich ebenso viele Rezepte für die berühmte Frankfurter Grüne Sauce wie Liebhaber derselben. Im Prinzip steht die Zusammensetzung der Kräuter fest. Sieben sollen es sein, etwa: Petersilie, Schnittlauch, Liebstöckel, Borretsch, Pimpinelle, Sauerampfer, Estragon. Im Allgemeinen sind es die ersten Kräuter, die in einem anständig gepflegten Kräuterbeet zu ernten sind. Es kann aber auch Dill dabei sein, Kerbel oder Bärlauch – Basilikum wird von den Puristen abgelehnt, denn das ist auf alle Fälle später dran.
Erbittert wird auch gestritten, ob man die Kräuter mit dem Mixer zerkleinern darf oder mit der Hand schneiden soll. Fest steht: Mit einem Messer geschnitten geben sie der Sauce eine völlig andere Konsistenz und damit auch einen grundlegend anderen Geschmack. Und deshalb gilt: Es muss jeder wissen, was er lieber mag. Das kennen wir ja auch von der Mayonnaise, selbst gemacht oder gekauft: Es liegen eben Welten dazwischen! Wir lieben die Grüne Sauce so:

1 Die Zutaten für die Mayonnaise sollten alle dieselbe, möglichst Zimmertemperatur haben, dann verbinden sie sich besser, ohne zu gerinnen. Eigelb mit Senf, Zitronensaft, Salz, Pfeffer und Zucker dick und cremig schlagen, dann langsam das Öl hinzufließen lassen. Schlagen, bis eine steife Creme entstanden ist. Mit saurer Sahne und Frischkäse glatt rühren.

2 Die Eier möglichst von Hand fein würfeln – das schmeckt besser, als wenn sie mit einem glatten Schnitt durch den Eierschneider zerkleinert werden. Und die Kräuter mit einem großen Messer ebenfalls von Hand fein schneiden.

3 Alles verrühren und nochmals gut abschmecken: mit Salz, Pfeffer, einer Prise Zucker, einem Hauch Cayennepfeffer und abgeriebener Zitronenschale.

ZUTATEN

Für sechs Personen:

Mayonnaise:
1 Eigelb
1 TL scharfer Senf
1 EL Zitronensaft
Salz, Pfeffer
1 Prise Zucker
ca. 120 g mildes Olivenöl
(z.B. aus Ligurien)

Außerdem:
150 g saure Sahne
100 g Frischkäse
3 hartgekochte Eier (9 Minuten)
Cayennepfeffer
Zitronenschale

Kräuter:
je 1 Bund glatte Petersilie,
Schnittlauch, Dill,
5-6 Sauerampferblätter,
6 Bärlauchblätter,
2 Liebstöckelstiele,
1 gute Handvoll Kerbel,
1 kleine Handvoll Rucola,
3-4 Borretschblätter,
1 Handvoll Pimpinelle

Italienische Salsa verde

Die italienische Version der Kräutersauce enthält natürlich weder Mayonnaise noch Sahne, sondern vielmehr erstklassiges Olivenöl, viel glatte Petersilie (manchmal gar kein anderes Kraut), Basilikum, wenn vorhanden, auch junger Thymian darf dabei sein. In Norditalien schneidet man gern harte Eier hinein, im Süden nimmt man lieber gehackte Pinienkerne. Zum Beispiel so:

ZUTATEN

Für sechs Personen:

1/2 Tasse Pinienkerne
1/2 Tasse Semmelbrösel
1 Tasse Olivenöl
2 EL Kapern
6 Oliven (grün oder schwarz, nach Gusto)
1-2 Chilischoten
3–4 Knoblauchzehen
2 Tassen glatte Petersilienblätter
3-4 EL Rotweinessig
Salz, Pfeffer

1 Die Pinienkerne in einer trockenen Pfanne rösten, bis sie duften und ihr Fett abgeben. Herausnehmen und auf ein Arbeitsbrett häufen. Stattdessen die Brösel in die Pfanne geben und im verblieben Fett rösten, eventuell ein, zwei Esslöffel Olivenöl zufügen, damit sie nicht verbrennen.

2 Pinienkerne, Kapern, entsteinte Oliven, entkernte Chilis und Knoblauch (eventuell durch die Presse drücken) auf dem Arbeitsbrett mit einem großen Messer hacken und dabei gut vermischen. Mit den gerösteten Semmelbröseln in eine Schüssel füllen. Dann die Petersilie sehr fein hacken oder wiegen und hinzufügen. Das restliche Olivenöl und den Weinessig untermischen. Mit Salz und Pfeffer würzen. Durchziehen lassen, noch einmal abschmecken und in eine Saucenschüssel füllen.

Geriebene Radieschen

Passt ebenfalls bestens zum gekochten Rindfleisch: Radieschen, fein gerieben, mit etwas Salz, Essig und einigen Tropfen Olivenöl angemacht.

Auberginensalat

Ein Hauch Exotik zum vertrauten Siedfleisch passt wunderbar und ist eine schöne Ergänzung im Saucenrepertoire.

1 Die Auberginen mit dem Kartoffelschäler dünn häuten, die Früchte in zentimeterkleine Würfel schneiden. Ingwer und Knoblauch fein würfeln und im heißen Öl andünsten. Auberginenwürfel mitschmurgeln lassen, ebenso die fein gewürfelten Chilis. Mit etwas Brühe benetzen, salzen und pfeffern. Zugedeckt bei milder Hitze ca. sechs Minuten dünsten.

2 Zitronenschale hineinreiben und den Saft und die Fischsauce hinzufügen. Am Ende das Koriandergrün zerzupft, die Wurzel fein gehackt oder gerieben unterrühren. Nochmals abschmecken und lauwarm zum Siedfleisch servieren.

ZUTATEN

Für sechs Personen:

ca. 500 g Auberginen (möglichst schlanke, türkische, sie schmecken besser als die dicken aus Holland!)
1 walnussgroßes Stück Ingwer
3-4 Knoblauchzehen
2-3 EL Öl
1-2 Chilis
etwas Brühe oder Wasser
Salz, Pfeffer
1 Zitrone (Saft und Schale)
Koriandergrün (möglichst mit Wurzel)
einige Tropfen thailändische Fischsauce

Apfelkren

Zwei Regeln in Österreich: Apfelkren gehört unabdingbar zum Rindfleisch. Und: Rindfleisch ist immer gekocht. Apfelkren passt auch zum Grillfest und ist einfach gemacht:

Den Apfel vierteln, schälen und vom Kerngehäuse befreien. Auf der nicht zu feinen Reibe raffeln und sofort mit Zitronensaft beträufeln, damit er sich nicht verfärbt. Den Meerrettich schälen, ebenfalls fein reiben (reißen, sagt man in Österreich) und sofort mit dem Apfel mischen, damit er schön hell bleibt. Mit Salz abschmecken.

ZUTATEN

Für sechs Personen:

1 säuerlicher Apfel (Elstar, Rubinette oder Delicious)
Zitronensaft
½ Meerrettichstange
Salz

Röstkartoffeln

ZUTATEN

Für sechs Personen:

8-10 mittelgroße Kartoffeln
2-3 EL Mehl
3-4 EL Olivenöl
1-2 EL Kümmel
Pfeffer, Salz
Schnittlauch

Die schmecken besonders gut zum gekochten Fleisch und passen zu allen Saucen. Eine Art Bratkartoffeln, aber aus rohen, nicht aus gekochten Kartoffeln!

1 Die Kartoffeln schälen, grob raffeln und mit Mehl überstäuben. Gut durchschütteln, damit alle Streifen irgendwie von Mehl umhüllt sind. In einer großen Pfanne – das ist wichtig, damit die Streifen nicht zu hoch übereinander liegen – zuerst das Öl erhitzen, dann die Kartoffelstreifen zufügen (eventuell in Partien arbeiten und die fertigen Portionen im Backofen bei 100 °C warm halten) und sehr langsam bei milder Hitze braten.

2 Kümmel und Pfeffer zufügen und immer wieder umschaufeln, damit sie gar und trotzdem schön braun werden. Gesalzen wird erst ganz zum Schluss, unmittelbar vor dem Servieren. Dann auch erst die Schnittlauchröllchen darüberstreuen.

GETRÄNK

Man kann natürlich einen Rotwein zum Siedfleisch trinken. Wir empfehlen in diesem Fall etwa einen Zweigelt aus dem Burgenland. Wir haben jedoch dazu einen Weißwein genossen und fanden, dass der 2005 Josephshöfer Riesling Erstes Gewächs (Spätlese trocken) von Reichsgraf von Kesselstatt dazu hervorragend passte.

TIPP

Größere Portionen lassen sich auch auf einem Backblech im 200 °C heißen Ofen rösten. Allerdings muss man dabei aufpassen und die Kartoffelstreifen immer wieder mit einer Bratschaufel umwenden!

Erdbeer-Panna-Cotta

Panna Cotta ist gut, Erdbeeren sind gut. Wie gut muss es dann schmecken, wenn man beides miteinander verbindet!

1 Die Erdbeeren putzen, mit Zucker, der abgeriebenen Schale und dem Saft einer halben Orange zum Püree mixen. Einen Viertelliter davon abmessen. Die Sahne aufkochen, die eingeweichte Gelatine darin auflösen und mit dem Viertelliter Erdbeermark gründlich mischen. In kleine Förmchen füllen und über Nacht kalt stellen. Die restliche Erdbeersauce nochmals abschmecken und ebenfalls kalt stellen.

2 Zum Servieren die Panna Cotta aus den Förmchen lösen und auf Dessertteller stürzen. Mit Klecksen von Erdbeersauce umkränzen, mit dem Minzöl dekorativ beträufeln: Dafür Die Minzeblätter mit dem Öl im Mixer fein pürieren.

Wichtig: Je weniger Gelatine, desto geschmackvoller die Speise. Aber auch um so diffiziler: In warmer Umgebung schmilzt Gelatine schnell. Wer sicher gehen will, nimmt auf diese Menge vier Blatt, ansonsten sind die drei Blatt genug, um dem Türmchen gerade eben noch Halt zu geben. Allerdings sollten die Förmchen nicht mehr als 100 ml Inhalt fassen. In größeren Förmchen braucht die Panna Cotta auch mehr Stütze!

ZUTATEN

Für sechs Personen:

400 g reife Erdbeeren
ca. 80 g Zucker
1 Orange
200 ml süße Sahne
3-4 Blatt Gelatine

Minzöl zum Anrichten:
1 Handvoll frische Minzeblätter
4 EL Mandel- oder neutrales Rapsöl

Leichte Küche mit Fisch

Leichte Küche mit Fisch:

Keine Angst vor Gräten

Immer wieder stellen wir fest: Die Menschen essen im Prinzip sehr gerne Fisch, fürchten sich aber vor den Gräten. Deshalb jedoch immer nur Fischstäbchen oder Fischfilet zu essen, das ist keine Lösung. Zumal Fisch am besten schmeckt, wenn er an der Gräte gegart wurde. Deshalb wollen wir hier einmal ganz genau zeigen, wie man das herrliche Fischfleisch ohne Schwierigkeiten von den Gräten befreit und dann unbeschwert genießen kann.

Fisch-Tipps

Freude am Fisch hat man nur, wenn er frisch ist, also appetitlich nach Meer duftet, aber bitte keinesfalls nach „Fisch riecht". Und dafür ist es unabdingbar, sich nach einer guten Quelle umzusehen. Man sollte sich also mit seinem Fischhändler – das kann natürlich auch die verantwortliche Person an der Fischtheke im Supermarkt sein – gut stellen. Wenn er merkt, dass Sie Spaß an gutem Fisch haben und Sinn für Qualität, wird es ihm umso mehr Freude machen, die richtige Ware für Sie zu besorgen. Leider ist guter Fisch nicht billig, das muss man sich klarmachen. Aber oft bekommt man ganze Fluss- und hiesige Seefische für erfreulich wenig Geld und hat dafür dann einen wahren Festtagsfang.

Übrigens: Laut Gesetz besagt der Begriff „frischer Fisch" lediglich, dass der Fisch nicht gefroren oder sonst irgendwie bearbeitet war. Er kann Wochen alt sein und darf immer noch frisch genannt werden. Vertrauen Sie also lieber Ihrem Händler oder Ihrem eigenen Blick: Frischer Fisch glänzt, die Augen sind klar und nach außen gewölbt, die Haut ist fest, die Flossen nirgends angetrocknet, das Fleisch wirkt auf Fingerdruck elastisch, gibt nicht nach...

Zu Hause den Fisch nur ein, höchstens zwei Tage aufbewahren, und zwar an der kältesten Stelle im Kühlschrank, natürlich gut verpackt und zusätzlich mit Eiswürfeln bedeckt (gibt Ihnen übrigens der Fischhändler für diesen Zweck gerne mit!).

Seeteufel-Medaillons mit zwei Saucen

Der Seeteufel (französisch: lotte) wird fast ausschließlich als Filet angeboten, weil man mit seinem riesigen und auch noch extrem hässlichen Kopf zu viel Abfall transportieren müsste. Die ausgelösten Filets sind absolut grätenfrei – also immer erste Wahl, wenn jemand garantiert keine Gräten aufspüren will.

1 Das Fischfilet quer in dicke Scheiben schneiden. Mehl salzen und pfeffern und die Filets darin wenden, überschüssiges Mehl abschütteln. Der Fisch sollte nur hauchzart von Mehl überzogen sein.

2 Das Öl in der Pfanne sehr heiß werden lassen (ein Brotwürfel sollte sofort leise zu brutzeln beginnen) und die Medaillons auf jeder Seite ca. eine Minute scharf braten. Sie sollen schöne deutliche Bratspuren zeigen. Aber bitte nicht länger braten, sonst wird das Fleisch trocken und zäh! Herausheben und auf einem Teller warm stellen.

3 Die Saucen ruhig bereits vorher fertigstellen, ihnen macht es weniger aus, zu warten, als dem zarten Fischfleisch: Für die **Paprikasauce** Schalotte oder Zwiebel würfeln und in zwei Löffeln Öl andünsten. Gehackten Knoblauch zufügen sowie die entkernten, gewürfelten Paprika. Salzen und pfeffern. Mit der Hälfte der Brühe bedecken und auf leisem Feuer zugedeckt etwa 20 Minuten weich dünsten. Dann mit dem Mixstab glatt pürieren. Jetzt so viel Brühe zufügen, bis eine schöne Cremigkeit entstanden ist. Am Ende das restliche Öl untermixen, damit die Sauce schön glänzt. **Bärlauch** für das Öl entstielen, grob zerschneiden und im Mixer mit dem Olivenöl pürieren. Nach Gusto mit etwas Salz, Zitronenschale und -saft würzen.

BEILAGE

Hier genügt frisches Weißbrot.

GETRÄNK

Ein kräftiger Sauvignon blanc, zum Beispiel aus der Südsteiermark aus Friaul oder von der Loire (Sancerre, Pouilly-Fumé)

ZUTATEN

Für zwei bis drei Personen:

400 g Seeteufelfilet
2 EL Mehl
Salz, Pfeffer
3 EL Olivenöl

Rote Paprikasauce:
1 Schalotte oder Zwiebel
4 EL Olivenöl
2 Knoblauchzehen
2 rote Spitzpaprika
Salz, Pfeffer
ca. 1/2 l Brühe

Bärlauchöl:
1 Handvoll Bärlauch
ca. 0,1 l Olivenöl
einige Krümel Salz
eventuell etwas Zitronenschale
und -saft

TIPP

Wenn kein Bärlauch zur Hand ist, glatte Petersilie und ein, zwei Knoblauchzehen oder Schnittlauch mit dem Öl mixen – dieses leuchtend grüne Öl passt ebenso gut zum Fisch, und Petersilie hat rund ums Jahr Saison.

Flussbarsch

ZUTATEN

Für zwei bis vier Personen:

2-3 Barsche (je größer übrigens, desto besser! Das gilt eigentlich für alle Fische!!)
3-4 EL Mehl
1-2 EL süßes Paprikapulver
Salz, Pfeffer
3-4 EL Öl

Ein herrlicher und auch optisch schöner Fisch, den man günstig bekommen kann, weil er wegen seiner vielen Gräten nicht sonderlich beliebt ist. Aber wer weiß, wie er dieser Gräten Herr werden kann, hat für wenig Geld einen unwiderstehlichen Genuss!

1 Die Fische gründlich waschen und abtrocknen. Auf ein Arbeitsbrett legen und wenn nötig schuppen. Dann mit einem sehr scharfen, großen Messer vom Schwanz bis zum Kopf über die ganze Seite quer einschneiden, vom Rücken bis zur Mittelgräte hinunter, und die Schnitte so dicht nebeneinander wie möglich setzen. Ziselieren nennt das der Fachmann. Der so vorbereitete Fisch wird jetzt in einer Mischung aus Mehl, Paprika, Salz und Pfeffer gewendet, bis er rundum damit überzogen ist. Die Mischung sollte auch in die Schnittritzen eindringen.

2 In einer großen Pfanne (notfalls den Fischkopf abschneiden) im heißen Öl langsam auf beiden Seiten kross braten. Jetzt sind alle Gräten nicht nur durchschnitten, sie sind auch in der Brathitze entweder geschmolzen und haben sich aufgelöst oder sie sind so knusprig, dass man sie essen kann. Probieren Sie's: Ein unglaublicher Genuss!

BEILAGE

Entweder als Imbiss aus der Hand pur essen. Oder mit spanischen Brat-Paprika (pimientos de padron) servieren. Sie werden mit ihrem Stiel im Ganzen in heißem Olivenöl gebraten, bis ihre Haut deutliche Bartspuren zeigt. Mit grobem Meersalz würzen.

GETRÄNK

Ein kraftvoller Weißwein, zum Beispiel ein Sauvignon aus der Steiermark – wir hatten dazu einen vom Weingut Tement, der einfach perfekt passte.

Forelle im Silberkleid

Man kann Forellen praktisch überall bei uns in guter Qualität bekommen, am besten natürlich lebend aus dem Hälterbecken beim Fischhändler. Zu Hause sind die Forellen mühelos zubereitet und gelingen eigentlich immer: Wichtig ist nur, dass man sie zunächst gründlich wäscht und innen an der Mittelgräte entlang säubert – das macht nämlich kaum ein Fischhändler. Und dann ist der Rest schnell geschehen:

1 Die Forellen waschen und abtrocknen. Zwei große Stücke Alufolie auf der glänzenden Seite in der Mitte – dort, wo der Fisch hingelegt wird – mit etwas Butter einstreichen und darauf auch Salz und Pfeffer verstreuen. Die restliche Butter in zwei Scheiben schneiden und diese jeweils in den gehackten Kräutern wenden. Dann ebenfalls salzen und pfeffern und in den Fischbauch stecken: So wird der Fisch auch von innen gewürzt.

2 Die Alufolie locker über dem Fisch zusammenfalten – unbedingt einen Luftraum lassen! – die Päckchen jedoch auf beiden Seiten und oben gut verschließen. Für ca. zehn Minuten in den auf 180 °C vorgeheizten Backofen stellen (Heißluft! Ober- und Unterhitze ca. 200 °C).

BEILAGE

Butterkartoffeln: Dafür Salzkartoffeln kochen (unbedingt eine mehlige Sorte nehmen!), abgießen und sofort ein gutes Stück Butter (ca. 100 g auf 600 g Kartoffeln) in Flöckchen geschnitten unterrühren. Gleichzeitig reichlich Schnittlauch untermischen.

GETRÄNK

Dazu gibt es einen knackigen, ruhig aber gereiften Riesling aus der Pfalz oder von der Nahe.

ZUTATEN

Für zwei Personen:

2 Forellen (à ca. 300 g)
50-70 g Butter
Salz, Pfeffer
1 Tasse gehackte Kräuter (Petersilie, Dill, Kerbel)
1/2 Zitrone
Alufolie

TIPP

Ob die Forelle gar ist, lässt sich überprüfen: Öffnen Sie das Päckchen und drücken Sie leicht mit dem Zeigefinger am Rücken, neben der Mittelgräte, ins Fleisch. Sie ist gar, wenn das Fleisch sanft nachgibt, etwa wie zimmerwarme Butter.

Loup de mer in der Salzkruste

Klingt unglaublich aufwendig und schwierig – ist es aber nicht! Zunächst muss man den Fischhändler bitten, einen erstklassigen Seebarsch (französisch: Loup de mer/italienisch: Branzino oder Spigola) zu besorgen. Das Garen im Salz ist eine besonders schonende Methode, bei der das Fischfleisch saftig bleibt und vorm Übergaren geschützt ist, weil im Salz die Hitze gleichmäßig übertragen wird. Außerdem ist der Fisch in seinem eigenen Element eingehüllt: Das Meersalz gibt ihm den Jodgeschmack, die Mineralien, allen Duft mit. Grobes Meersalz kann man inzwischen überall finden oder sich schicken lassen (zum Beispiel: www.bosfood.de). Wir verzichten übrigens darauf, das Salz mit Eiweiß zu binden – so backt es nicht zusammen und man kann es sogar ein zweites Mal zum Einpacken verwenden.

ZUTATEN

Für vier bis sechs Personen:

1 schöner, frischer Loup de mer (ca. 1,8 kg)
Petersilienstiele und Thymianzweige
ca. 1,5 kg grobes Meersalz

Petersilien-Knoblauchöl:
2 Tassen glatte Petersilienblätter
1 Handvoll junge Knoblauchzehen
Salz
1 Zitrone
ca. 100 ml Olivenöl

1 Den Fisch gründlich säubern, schuppen, Petersilienstiele und Thymian in den Bauch stecken. Auf einem Backblech ein großes Stück Alufolie ausbreiten. Darauf ein Bett von Salz häufen. Den Fisch daraufsetzen und mit dem restlichen Salz zudecken, dabei die Folie rundum so hochschlagen, dass sie das Salz rund um den Fisch hält und es nicht auseinanderläuft. Allerdings nicht zum Paket verschließen, sondern oben offen lassen.

2 Einen Fisch dieser Größe bei 180 °C ca. 40 bis 45 Minuten garen. Um zu prüfen, ob er gar ist: Am Rücken etwas Salzkruste beiseite schieben und mit dem Finger ins Fleisch drücken – gibt es nach wie zimmerwarme Butter und fließt klarer Saft heraus, ist er fertig.

3 Servieren: Den Fisch natürlich in seiner Kruste zu Tisch bringen – auf dem Blech oder mitsamt der Alufolie auf einer schönen Platte. Die Kruste abklopfen und abheben, dann behutsam die Haut entfernen – zuerst entlang der Rückengräte einschneiden, dann lässt sie sich einfach abziehen. Das Fleisch von der Mittelgräte heben, die Bauchgräten bleiben jetzt ganz allein zurück. Sie lassen sich dann einfach abheben. Und nun liegt das Fleisch der zweiten Fischseite grätenfrei da und kann verteilt werden.

BEILAGE

Petersilien-Knoblauchöl: Dafür die Blätter mit Knoblauch, ganz wenig Salz, Stückchen von Zitronenschale und -saft sowie Olivenöl im Mixer pürieren. Außerdem natürlich Weißbrot.

GETRÄNK

Der Fisch verlangt einen kräftigen, mineralisch geprägten, aber dennoch eleganten Wein der gehobenen Klasse – entweder einen Burgunder, also Weißburgunder oder Chardonnay, der aus Frankreich (Chablis, Meursault, Puligny-Montrachet) kommen kann oder aus Deutschland (Baden-Württemberg, Pfalz, Rheinhessen, Nahe, Franken) oder einen der hochwertigen Verdicchio dei Castelli di Jesi aus den Marken. Wir haben einen herrlichen 2004 Stefano Antonucci aus St. Barbara dazu getrunken!

Melonen

Melonen:

Rund, saftig und voller Süße

Sommerfrüchte in der Küche

Sie sind der Inbegriff des Sommers, stehen immer für mediterranes oder sogar exotisches Flair. Denn Melonen lieben's warm, sie brauchen Hitze. Sie sind verwandt mit den eher biederen Gurken und dem gemütlichen Kürbis. Und sie sind, wie das immer wieder interessante Appetitlexikon von 1894 (im Oaseverlag dankenswerterweise wieder aufgelegt) lapidar feststellt: „wenn gut, ganz vorzüglich, wenn mittelmäßig, höchst erbärmliche Tafelfrüchte..“ In der Tat schmecken unreife und obendrein zu kalt gelagerte Melonen eher gurkig und langweilig statt süß und fruchtig. Deshalb ist stets der richtige Einkauf entscheidend.

Warenkunde

Wassermelonen mit ihrem schönen roten Fleisch müssen einen tiefen, hohlen Klang geben, wenn man dagegenklopft – dann sind sie reif; wobei man unterscheiden muss: Zu Beginn der Saison, im Juni, klingen sie dumpf und voll. Gegen Ende, also Mitte September, bekommt dieser Klang einen helleren Ton. Je heller, desto wattiger ist dann das Fleisch!

Bei den anderen Melonen ist ein untrügliches Zeichen ihr Duft: Sie müssen intensiv, süß und üppig duften. Je intensiver, umso besser, dann schmeckt ihr Fleisch auch süß und betörend. Das rosa- bis tiefrote Fruchtfleisch der Wassermelone (es gibt übrigens auch eine Variante mit hellgelbem Fleisch!) ist anders als bei allen anderen Melonenarten durchsetzt von den kleinen flachen, glatten Kernchen, die unter Umständen bei der Verarbeitung ein wenig stören können. Das Fleisch reifer Früchte kann man durch ein Sieb streifen, wodurch die Kerne aufgefangen werden. Das Herauslösen ist sonst mühsam, deswegen spuckt man die Kerne am besten einfach aus. Bei allen anderen Melonen befinden sich die Kerne im Inneren, wie man es vom Kürbis kennt.

Im Gegensatz zur Wassermelone mit ihrem geradezu flockig-mürbem Fleisch steht die **Zuckermelone**, deren Fleisch glatter in der Konsistenz ist – obwohl auch sie zum größten Teil, bis zu 90 Prozent, aus Flüssigkeit besteht. Da gibt es beispielsweise die

Cantaloupmelone, klein, rund, mit hellgrüner, oftmals zart gestreifter Schale, die wie eingeprägt erscheinende Segmentrillen trägt und leuchtend orangefarbenes Fruchtfleisch hat, stammt ursprünglich aus dem Ort Cantalupo (in der Nähe von Tivoli bei Rom). Die Variante aus Frankreich heißt ebenfalls nach ihrem Herkunftsort: Cavaillon oder Charantais. Im günstigen Fall verströmt die reife Frucht ein betörendes Parfum, üppig, süß, aromatisch. Dann schmilzt es auf der Zunge zu einem honigsüßen Saft. Trotzdem ist das Fruchtfleisch nicht weich oder gar matschig – es sei denn, sie ist bereits überreif, dann ist allerdings der Duft nicht mehr angenehm, sondern aufdringlich.

Netzmelonen haben eine eher bräunliche, von einem gitterartigen Netz überzogene Schale. Mit eher grüngelber Schale kennt man die israelische Variante der Netzmelone, die als **Galiamelone** auf den Markt kommt. **Honigmelonen** leuchten sonnengelb, sind eher oval statt rund geformt und haben ein blassgelbes Fleisch: Eine Sorte ist außen von vornehmem, englischem Grün – man nennt sie auch Wintermelone, weil sie sich, gekühlt, lange hält und im allgemeinen bis Weihnachten aufbewahrt werden kann. Ogenmelonen hat man in Israel aus Netz- und Cantaloupmelonen gekreuzt.

Melonen bestehen zwar fast ausschließlich aus Flüssigkeit, trotzdem steckt außerdem noch eine Menge Gutes in ihnen. Reichlich Mineralien, wie Kalium, Magnesium, Calcium, Eisen, Fluor, Phosphor und Zink. Dann Vitamine, neben Vitamin C auch Provitamin A sowie die Vitamine B_1 und B_2, B_6. Melonen stillen nicht nur den Durst, sondern machen, dank des reichlichen Zuckers, den sie liefern, auch satt. Bei wenig Kalorien – glücklicherweise. Trotzdem sollte man sich mit ihnen nicht den Bauch vollschlagen, immer wieder wird von Magengrimmen berichtet und von Durchfall, wenn man zu viel davon genossen hat.

Melonendrink

Kühl, fruchtig und erfrischend! Und ganz einfach gemacht: Das Fleisch aus der Wassermelone herausschaben, die Kernchen herauspulen und schließlich mit einigen Eiswürfeln, etwas Zucker und Zitronensaft glatt mixen. Dieses schrillrote Getränk in ein Longdrinkglas füllen – ein Minzezweig rein, und schon ist der Aperitif fertig!

Melonen-Fritters

Eine witzige Idee aus Asien: Dafür muss man das glasige, feste Fleisch von der Innenseite der Schale einer Wassermelone abschneiden. Zusammen mit etwas Reismehl und asiatischen Gewürzen entsteht daraus ein Teig, aus dem man kleine knusprige Küchlein backen kann: Ein origineller Happen zum Aperitif.

ZUTATEN

Für vier bis sechs Personen:

Ca. 3 Tassen Melonenfleisch (von der Innenseite der Schale!)
2 Tassen Reismehl (oder Speisestärke)
1 EL Zucker
1 Ei
3 Chilischoten
2-4 Knoblauchzehen
Koriandergrün
Öl zum Ausbacken

1 Das Melonenfleisch mit Reismehl, Zucker, Ei, Chilis und Knoblauch im Mixer zu einem dickflüssigen Pfannkuchenteig pürieren. Esslöffelweise in einer beschichteten Pfanne in wenig heißem Öl zu kleinen flachen Küchlein backen, die rosafarben und knusprig sind.

2 Auf Küchenpapier abtupfen und möglichst rasch, solange sie noch knusprig sind, servieren.

GETRÄNK

Entweder ein erfrischender Melonendrink oder ein anderer exotischer Cocktail.

Melone & Schinken

Prosciutto melone, der Klassiker aus Italien unter den Vorspeisen und wohl das berühmteste Gericht mit Melone. Als Variante zum Klassiker schlagen wir vor:

Diesmal die Melone nicht in die klassischen Schiffchen, sondern in zweizentimetergroße Würfel schneiden. Auf einer Platte nebeneinandersetzen und mit Pfeffer aus der Mühle würzen. Dann jeweils eine dünne Scheibe besten rohen Schinkens aufrollen und mit einem Zahnstocher drauf festpieken. So kann man selbst die saftigste Melone mit der Hand verspeisen, ohne sich zu bekleckern. Ein eleganter, erfrischender Bissen zum Glas Wein, welcher auch ein wenig süß sein kann – zum Beispiel ein leichter Muskateller.
Variation: Gut auch mit einem Würfel Mozzarella zwischen Melone und Schinken!

TIPP

Welchen Schinken Sie nehmen, ist natürlich Geschmackssache. Aus Parma oder San Daniele, der berühmte Jabugo aus Spanien. Wir haben Lardo genommen, jenen dicken Rückenspeck von einem glücklichen Schwein, der in Meersalz, mit viel Rosmarin, Pfeffer und Chili ein halbes Jahr gebeizt wurde. Sowie einen milden, nur ganz schwach geräucherten Schwarzwälder Schinken. Jeweils hauchdünn aufgeschnitten!

Melonensuppe

Ein wunderbares Dessert: frisch, leicht und fruchtig, aber durchaus nicht zu süß! Das Fleisch einer reifen Zucker- oder Honigmelone wird im Mixer püriert, zusammen mit Basilikumblättern, zart gesüßt, mit einem Spritzer Zitronensaft versehen und parfümiert mit Zitronenlikör und einem Spritzer Madeira oder Port. Diese Suppenbasis gut kühlen. Serviert wird schließlich mit Melonenwürfeln (wer's besonders schön haben will, nimmt den Kugelbohrer) und mit frischen Himbeeren als Einlage.

GETRÄNK

Ein Gläschen Port wäre dazu klassisch, wunderbar passt jedoch auch ein Banyuls, ein gehaltvoller, üppiger Süßwein aus dem Südwesten Frankreichs.

Salat von Melone mit Garnelen

ZUTATEN

Für vier bis sechs Personen:

10 Garnelenschwänze (möglichst Wildfangware kaufen!)
2-3 EL Olivenöl zum Braten
Salz, Pfeffer
2 Thymianzweige
2-3 rote Chilischoten
4-6 Knoblauchzehen
1 feste Salatgurke
2 Dillzweige
1 schöne Cavaillonmelone
3-4 EL Zitronensaft
1 Prise Zucker
Salatblätter
Rucola und andere Kräuter
Baguette oder gutes Weißbrot (Ciabatta)

Einer von den feinen Salaten, die immer Eindruck machen: als leichter Imbiss an einem warmen Tag oder als Vorspeise in einem schönen Menü.

1 Garnelen auftauen, längs halbieren und dabei den Darm entfernen. In wenig Olivenöl rasch unter Rühren anbraten, dabei salzen, pfeffern, mit Thymianblättchen, etwas sehr winzig gewürfelter roter Chilischote und etwas fein gehacktem Knoblauch würzen.

2 Salatgurke längs in Scheiben schneiden. Wenn die Kerne sehr ausgeprägt sind, die Gurke rund um diesen Kernstrang in Scheiben schneiden, das Herz mit den Kernen wegwerfen. Dillzweiglein abzupfen.

3 Für die Marinade eine Tasse Melonenfleisch mit restlichem Chili und Knoblauch, Zitronensaft, der Prise Zucker und Olivenöl mixen.

4 Die restliche Melone in fingerdicke Stifte oder in Scheibchen schneiden.

5 Eine Platte oder einen Portionsteller mit einigen dekorativen Blattsalaten sowie abgezupften Kräutern auslegen. Die Garnelen, die Melonen- und Gurkenstifte darauf hübsch anrichten und alles mit der Melonenmarinade beträufeln. Jetzt darf der Salat natürlich nicht mehr stehen, sondern muss sofort serviert werden.

6 Und zwar zusammen mit knusprigen Croutons: Dafür das Brot längs auf der Aufschnittmaschine sehr dünn aufschneiden (drei Millimeter!), nebeneinander auf ein Blech legen und im Ofen rösten. Die Scheiben sind dann wunderbar knusprig und sehen obendrein hübsch aus.

GETRÄNK

Hier passt ein halbsüßer spanischer Weißwein, etwa aus dem Rioja, oder aus der Pfalz ein Muskatwein, der ebenfalls nicht trocken sein muss. Oder eine kräftige Riesling Spätlese, beispielsweise von der Nahe, die dann ruhig trocken sein kann. Und schließlich wäre auch in diesem Fall ein fülliger Rosé denkbar, etwa von der Loire oder aus Südtirol (Lagrein Kretzer).

Melonensalsa

Hierfür darf die Melone ruhig etwas fester sein, was auch bedeutet: ein wenig unreif – so bekommt man sie nun mal hierzulande öfter als in idealem Zustand. Und auf diese Weise lässt sich dann immer noch was Gutes aus der Melone herausholen.

1 Die Melone „schlachten": also vierteln, die Kerne abstreifen und das Fleisch von der Schale trennen. Möglichst akkurat in halbzentimeter kleine Würfel schneiden.

2 Die Avocado ebenfalls aus ihrer Schale lösen und würfeln. Zwei feste Tomaten häuten, entkernen und ebenso würfeln. Schalotte, Knoblauch und Chili winzig fein würfeln (es ist ein Unterscheid, ob gewürfelt oder gehackt wird). Alles miteinander vermengen. Basilikum oder Shiso fein schneiden und untermischen. Mit Salz, Pfeffer, Zucker, der Fischsauce und dem Zitronensaft anmachen. Man braucht nur einen kleinen Schuss gutes Olivenöl, am schönsten: ein mit Orangenschale oder Ingwer gewürztes Olivenöl (gibt's in Feinkostläden als Spezialität).

BEILAGE

Diese Salsa als Grillsauce servieren oder einfach zu grober Bratwust.

GETRÄNK

Am besten ein Bier oder einen knackigen Silvaner.

ZUTATEN

Für sechs Personen:

1 Honig- oder Netzmelone
1 reife Avocado
2 feste Tomaten
1 Schalotte oder 1/4 weiße Zwiebel
2-3 Knoblauchzehen
1-2 Chilis
Basilikum (zum Beispiel rotes oder blaues) oder Shiso (siehe TIPP)
Salz, Pfeffer
Zucker
Spritzer thailändischer Fischsauce
Spritzer Zitronensaft
2 EL aromatisches Olivenöl (z. B. mit Orangenschale aromatisiert)

TIPP

Shiso ist ein würziges Kraut aus Japan. Es sieht aus wie groß geratene Brennesseln und hat einen unverwechselbaren Duft. Es gibt roten und grünen Shiso, die geschmacklich sehr ähnlich sind. Man bekommt Shiso bei Kräuter-Freaks, die sich auf Besonderes spezialisiert haben, als Pflanze (z. B. www.ruehlemanns.de). Oder aber auch als winzige Keimlinge, ähnlich wie Kresse, in guten Gemüseläden (aus Holland).

Spinat

Lieblingsgemüse Spinat:

Grün, frisch, lecker!

Spinat ist eines unserer Lieblingsgemüse. Seit er nicht mehr gegessen werden muss, weil er angeblich so gesund ist, finden ihn sogar Kinder lecker. Sie kennen doch diese Falschmeldung, der ganze Generationen von Kleinkindern zum Opfer fielen und der viele giftgrün gesprenkelte Küchen- oder Esszimmerdecken zu verdanken sind: Ein Druckfehler machte den Spinat noch viel gesünder, als er ist. Ganz doll viel Eisen sollte er enthalten, aber letztendlich war nur das Komma an der falschen Stelle... Gesund ist Spinat trotzdem, gut schmecken tut er auch. Dass Kinder mit Spinat ein kleines Problem haben, weil die reichlich enthaltene Oxalsäure (die wir übrigens auch vom Rhabarber kennen) ein pelziges Gefühl auf der Zunge verursacht, lässt sich durchaus mildern, indem man die richtigen Rezepte aussucht.

Spinat richtig vorbereiten

Spinat ist ein sperriges Gemüse: Man kauft einen ganzen Korb, und wenn er dann zubereitet ist, bleibt ein kleines Schüsselchen davon übrig. Er ist ganz schön arbeitsintensiv: Man muss die Stiele abknipsen und die Blätter mehrmals waschen, weil immer viel Sand dazwischen steckt. Zarte Blätter kann man roh essen, mit einer leichten Vinaigrette, als Salat. Oder man kann sie einfach in der Pfanne zusammenfallen lassen. Festere Blätter sollte man zunächst blanchieren – das ist sogar eigentlich immer ratsam. Denn dadurch wird das eigene und das oft auch noch zusätzlich in großem Maße vom Boden aufgenommene Nitrat verringert (bei Treibhausspinat wesentlich stärker enthalten als bei im Freiland gewachsenem Spinat), das sich nach Lagerung von einigen Tagen in das schädliche Nitrit umwandelt. Außerdem werden durch das Blanchieren die Vitamine stabilisiert und die leuchtend grüne Farbe bleibt erhalten.

Man hat also ganz schön zu tun, bevor man sich dem eigentlichen Rezept widmen kann. Verständlich, dass viele lieber auf den bereits geputzten und blanchierten Spinat aus der Tiefkühltruhe zurückgreifen. Da findet man Blattspinat, grob gehackten Spinat und mit Sahne und Gewürzen fertiggestellten Spinat. Positiv lässt sich über TK-Ware sagen, dass sie in jedem Fall frisch ist, denn die Blätter werden unverzüglich nach der Ernte verarbeitet und eingefroren. Allerdings, und das ist weniger positiv, wird beim Anbau weniger auf den Geschmack der Sorten als auf deren Robustheit geachtet. Und: Es werden nicht nur die Blätter, sondern auch die Stiele mitverarbeitet, die zum Teil sehr stabil sind und einen großen Anteil ausmachen. Es ist deshalb durchaus empfehlenswert, die Spinatzeit dazu zu nutzen, seinen Vorrat selbst einzufrieren: Beim Gärtner frisch einkaufen (oder den Spinat aus dem eigenen Garten nehmen), die Blätter gründlich putzen, von ihren Stielen befreien und mehrmals in immer wieder frischem Wasser waschen. Schließlich in reichlich kochendem, gut gesalzenen Wasser (probieren, und nach mehreren Blanchiergängen nachsalzen, denn die Blätter nehmen jedes Mal Salz mit!) nur zusammenfallen lassen, dann in Eiswasser abschrecken – denn nur so wird der Garprozess gestoppt. Die Vitamine und die Farbe bleiben erhalten und das womöglich enthaltene Nitrat wird herausgeschwemmt und mit dem Blanchierwasser weggeschüttet. Die Blätter dann herausfischen, immer eine Handvoll zu einem Bällchen formen. So kann man Spinat prima einfrieren und man hat jederzeit die entsprechende Portion fix und fertig zur Hand.

Was alles Gutes drinsteckt

Es ist zwar nicht ganz so viel Eisen im Spinat wie früher vermutet, trotzdem bringt uns dieses Gemüse durchaus eine Menge Mineralstoffe und Vitamine auf den Teller. Vor allem Pro-Vitamin A, Vitamin C, außerdem Folsäure und Eiweiß. Spinat gilt als Radikalenfänger und deshalb als extrem gesund, aber nebenbei schmeckt er auch wunderbar und ist vielseitig zuzubereiten. Beim Einkauf darauf achten, dass er frisch ist: die Blätter straff, dunkelgrün und unbeschädigt. Natürlich sollte man Spinat sofort verbrauchen, er verliert rasch alle seine guten Eigenschaften, vom Vitamin C ist nach zwei Tagen kaum mehr was vorhanden. Eins noch: Der Rat, dass man gekochten Spinat nicht wieder aufwärmen soll, stammt noch aus der Zeit, als man keine Kühlschränke hatte. Natürlich muss man einen Spinatrest nicht wegwerfen. Vorausgesetzt, man hat ihn gleich kalt gestellt und nicht stundenlang in der Wärme stehen lassen, kann man ihn selbstverständlich wieder aufwärmen. Weil tatsächlich auch in diesem Fall bei nitratreichem Gemüse das giftige Nitrit entstehen kann, nämlich durch warme Lagerung und das spätere Aufwärmen. Daher sollte man Säuglingen lieber keinen aufgewärmten Spinat geben, gesunde Erwachsene haben dagegen kein Problem damit.

Spinat-Spaghetti Carbonara

ZUTATEN

Für zwei bis drei Personen:

250 g dünne Spaghettini
Salz
30-50 g durchwachsener Bauchspeck in dünnen Scheiben
1 rote Zwiebel (oder eine weiße junge Zwiebel)
1 EL Olivenöl, nach Belieben auch 1-2 EL Butter
1-2 Knoblauchzehen
300 g geputzte Spinatblätter
Pfeffer
Muskat
etwas abgeriebene Zitronenschale
2-3 Eier
2 El frisch geriebener Parmesan
eventuell eine Prise Cayennepfeffer

Die Spaghetti nach Köhlerart sind ja köstlich, sanft und cremig, aber mit dem vielen Speck auch eine ziemlich gehaltvolle Angelegenheit. Mit Spinat wird das Gericht leichter, frischer und bekömmlicher. Außerdem sieht es toll aus, schmeckt super und ist im Handumdrehen auf dem Tisch. Kann man sie für sich allein oder für zwei machen. Schnelle Küche, wie wir sie lieben!

1 Die Spaghettini in reichlich gut gesalzenem Wasser nach Packungsaufschrift bissfest kochen.

2 In der Zwischenzeit in einer tiefen Pfanne den in sehr feine Streifen geschnittenen Speck auslassen. Die sehr fein gewürfelte Zwiebel sowie etwas Öl und eventuell einen Esslöffel Butter zufügen und bei milder Hitze weich dünsten, schließlich den sehr fein gewürfelten Knoblauch kurz mitdünsten. Dann die Hitze verstärken und die tropfnassen Spinatblätter dazugeben. Sogleich salzen und pfeffern, mit Muskat und Zitronenschale würzen. Gut umwenden.

3 Die Eier zum Spinat in die heiße Pfanne geben, sogleich auch die tropfnassen heißen Spaghettini, den geriebenen Käse sowie die restliche Butter.

4 Im Kontakt mit der heißen Pasta stocken die Eier und verbinden sich mit Käse und Butter zu einer cremigen Sauce, die sich um die Nudeln schmiegt. Nicht mehr stehen lassen, sonst werden die Eier fest, sondern sofort in vorgewärmten Tellern servieren. Nach Belieben noch etwas frische Zitronenschale darüberreiben.

GETRÄNK

Auch wenn die Oxalsäure hier durch die cremigen Eier gemildert wird, der erdige Geschmack vom Spinat braucht einen herzhaften Widerpart: Beispielsweise ein klassischer Bordeaux – es braucht kein großes Château zu sein, eine einfache, „bürgerliche" Qualität (Cru bourgeois) reicht zu diesem Gericht durchaus! –, vielleicht auch von den Côtes de Castillon, oder, und dazu haben wir uns dieses Mal entschieden, einen Sangiovese di Romagna „Notturno" von Drei Donà aus Forli (zwischen Bologna und Rimini gelegen).

Spinat-Panna-Cotta

Eine erfrischende, sommerliche Vorspeise. Dafür kann man ruhig auf den Spinat aus dem TK-Angebot zurückgreifen, weil er am Ende im Mixer fein püriert wird und die Stiele gar nicht mehr auffallen. Zum Servieren wird das zarte Gelee aus der Form gestürzt und mit frischem Tomaten-Ragout angerichtet. Die grüne Panna Cotta darf auf keinen Fall zu fest sein, sondern sollte auf der Zunge zergehen.

ZUTATEN

Für vier bis sechs Personen:

1 Zwiebel
2-3 Knoblauchzehen
2 EL Olivenöl
300 g Spinat (TK-Packung, oder ungeputzt 500 g)
Salz, Pfeffer
Muskat
1/2 TL grüne Thaicurrypaste
5 Blatt Gelatine
200 g saure Sahne
150 ml süße Sahne

Frisches Tomaten-Ragout:
3-4 reife, feste Fleischtomaten (oder doppelt so viele Cocktailtomaten, insgesamt 500 g)
2-3 EL Olivenöl
etwas gutes Salz (Fleur de sel oder Maldonsalt)
Pfeffer
einige Tropfen Balsamico
ca. 1 EL guter Wein- oder Apfelessig
1 Schalotte oder Frühlingszwiebel
2 junge Knoblauchzehen
einige Basilikumblätter

1 Zwiebel und Knoblauch schälen und fein würfeln. Im heißen Öl andünsten. Den geputzten oder aufgetauten Spinat zufügen und mitdünsten. Mit Salz, Pfeffer, Muskat und Currypaste würzen. Den heißen Spinat im Mixer glatt pürieren, dabei die eingeweichte Gelatine mitmixen – sie löst sich im heißen Spinat sofort auf. Die saure und süße Sahne mitmixen. Nochmals gut, sehr kräftig!, abschmecken. In Becherförmchen oder Gläser verteilen und mit Folie abgedeckt kalt stellen.

2 Für das frische Tomaten-Ragout die Tomaten mit kochendem Wasser überbrühen, dann eiskalt abkühlen und die Haut abziehen. Anschließend halbieren, die Kerne herausstreifen, das Tomatenfleisch würfeln und mit Olivenöl, Salz und Pfeffer sowie den beiden Essigsorten anmachen. Bis zum Servieren in einem Sieb abtropfen lassen, damit das Tomaten-Ragout nicht zu viel Saft zieht. Vor dem Anrichten fein gewürfelte Schalotte oder Frühlingszwiebel und Knoblauch sowie in Streifen geschnittenes Basilikum unterrühren und noch einmal mit Balsamico und einem Schuss Olivenöl nachwürzen. Ringförmig auf Vorspeisentellern verteilen. Die Spinat-Panna-Cotta stürzen und jeweils in die Mitte davon setzen. Mit einem Kringel von erstklassigem Olivenöl dekorieren.

BEILAGE

Frisches, knusprig aufgebackenes Baguette.

GETRÄNK

Wir finden, dazu passt besonders gut ein Sauvignon Blanc – ganz nach Geschmack aus der neuen Welt (zum Beispiel ein Flagstone aus Südafrika) oder aus dem alten Europa (z. B. ein „Grasnitzberg“ aus der Südsteiermark von Manfred Tement).

Spinatroulade

Das stattliche Paradestück fürs Essen mit Freunden. Sie lässt sich gut vorbereiten, sodass man sie auf dem Blech nur noch rechtzeitig in den Ofen schieben muss, um sich kurze Zeit später als großartige Köchin/ Koch feiern zu lassen. Wir brauchen Blätterteig (den wir fertig kaufen), Spinat (der auch tiefgekühlt sein kann), bereiten ein Kartoffelpüree zu (ganz einfach) und einen Hackfleischteig und dann bauen wir die Roulade zusammen. Sie schmeckt warm und sogar noch kalt.

ZUTATEN

Für sechs bis acht Personen:

Kartoffelpüree:
600 g mehlige Kartoffeln
ca. 100 ml Milch
3 EL Butter
Salz
Muskat

Außerdem:
1 kg Spinat
1 Rolle Blätterteig
Pfeffer
250 gekochter Schinken (sehr dünn aufgeschnittenen)
eventuell 150 g Bergkäse (ebenfalls in dünnen Scheiben)

Hackfleischteig:
300 g Hackfleisch
1 Brötchen
1 Zwiebel
2 Knoblauchzehen
1 Bund Petersilie
$1/2$ TL Delikatesspaprika
etwas abgeriebene Zitronenschale
1 Ei
2-3 EL Sahne

1 Zuerst für das Püree die Kartoffeln schälen, vierteln und in Salzwasser gar kochen. Dann abgießen, sofort durch die Presse drücken (oder mit dem Stampfer zerdrücken) – auf keinen Fall auch nur einen Moment stehen lassen, sonst binden die Kartoffeln ab und das Püree wird nicht duftig und locker – und dabei die heiße Milch und die Hälfte der Butter zufügen. Das Püree mit einer Gabel luftig aufschlagen, mit Salz und Muskat abschmecken. Es sollte ziemlich fest sein.

2 Den Spinat verlesen, die Stiele abknipsen, die Blätter mehrmals gründlich waschen. In reichlich gut gesalzenes, aufkochendes Wasser geben, einmal darin wenden und dann sofort wieder herausheben und in Eiswasser abkühlen. Die Blätter herausfischen und gründlich abtropfen lassen. Am besten auf einem Tuch ausbreiten und dort gut abtrocknen.

3 Die Blätterteigrolle auf ihrem Papier ausrollen und mit etwas weicher Butter einpinseln. Die Spinatblätter darauf als gleichmäßiges Bett auslegen. Mit Salz, Pfeffer und Muskat bestreuen. Dann die Schinkenscheiben darauf so verteilen, dass sie eine Fläche bilden (dabei rundum einen schmalen Rand lassen, damit man später die Rolle gut verschließen kann). Darauf die Käsescheiben legen. Jetzt das Püree darauf verstreichen.

4 Aus dem Hackfleisch mit eingeweichtem, gut ausgedrücktem Brötchen, gedünsteter Zwiebel (fein gerieben oder sehr fein gehackt) und Knoblauch sowie fein gehackter Petersilie, Salz, Pfeffer, Muskat, Paprika und Zitronenschale einen würzigen Hackfleischteig kneten. Zu einer Rolle formen und in die Mitte des Kartoffelbetts setzen. Den Teig mit Hilfe des Papiers, auf dem er liegt, anheben und alles vorsichtig aufrollen. Die Roulade an den Seiten einschlagen, damit nichts auslaufen kann.

5 Mit der Naht nach unten auf ein mit Backpapier belegtes Blech setzen. Eigelb und Sahne verquirlen und die Roulade damit einpinseln. Die Roulade in den 180 °C heißen Ofen schieben (Heißluft; Ober- und Unterhitze 200 °C) und etwa 25 bis 30 Minuten backen, bis sie schön gebräunt ist.

6 Vor dem Anschneiden unbedingt noch gut fünf Minuten ruhen und sich setzen lassen. Dann in knapp zweifingerdicke Scheiben schneiden und servieren.

BEILAGE

Unbedingt ein knackiger Salat. Außerdem passt dazu eine leichte kalte **Joghurtsauce:** Dafür einen guten Vollmilchjoghurt mit Zitronensaft und einem Schuss Olivenöl glatt rühren, auch etwas Zitronenschale und reichlich fein geschnittene Frühlingszwiebeln zufügen und mit Salz und Pfeffer würzen. Man kann auch das Tomaten-Ragout von der Spinat-Panna-Cotta dazu servieren.

GETRÄNK

Ein kraftvoller Rotwein – zum Beispiel ein Lemberger aus Württemberg, oder auch eine Cuvée, also eine harmonische Mischung aus verschiedenen Rebsorten. Wir haben einen Bona Dea (benannt nach der altrömischen Göttin der Fruchtbarkeit) vom Weingut Georg und Anja Merkle in Ochsenbach gewählt, zusammengestellt aus 60 Prozent Spätburgunder, 20 Prozent Lemberger und 20 Prozent Samtrot, jeweils in Spätlese-Qualität.

TIPP

Empfehlenswert beim Einschenken von Wein ist die Verwendung von sogenannten „DropStops“. Das sind simpel aussehende, aber in der Herstellung hochkomplizierte, dünne und biegsame Scheiben, die man in die Flaschenöffnung schiebt und die absolut sicher jegliches Tropfen verhindern. Eine praktische Erfindung aus Dänemark, im Fachhandel für wenige Euro erhältlich – in manchen Vinotheken, Geschäften und von einigen Versandhändlern bekommt man sie bei einer größeren Bestellung sogar geschenkt.

TIPP

Nach Belieben Dekorationen auf der Oberfläche anbringen (mit Eiweiß festkleben!), Monde, Sterne, Herzen oder Kartensymbole. Sie ebenfalls mit Eiersahne bepinseln, damit sie beim Backen schön bräunen.

Spinat-Tirtlen

ZUTATEN

Für vier bis sechs Personen:

Krapfenteig:
200 g Roggenmehl
200 g Dinkel- oder Weizenmehl
1 EL Öl
150 g Joghurt
Salz
1 Schuss Grappa
eventuell ein Schuss lauwarmes Wasser
Mehl zum Ausrollen

Spinatfüllung:
1 Zwiebel
1 Knoblauchzehe
2 EL Butter
800 g Spinat (450 g TK-Spinat)
Salz, Pfeffer
Muskat
150 g Topfen (Magerquark oder Schichtkäse)
2-3 EL Rahm
Öl oder Butterschmalz zum Ausbacken

Die traditionellen Südtiroler Krapfen werden mit Spinat gefüllt, man kann aber auch Sauerkraut oder eine Topfenfüllung nehmen. In jedem Fall müssen sie schwimmend in Fett gebacken und natürlich frisch gegessen werden.

1 Aus beiden Mehlsorten, Öl, Joghurt, Salz und dem Schuss Grappa einen festen, aber weichen, geschmeidigen Teig kneten. Zur Rolle geformt und in Folie gehüllt eine halbe Stunde ruhen lassen.

2 Für die Füllung Zwiebel und Knoblauch fein würfeln und in der Butter andünsten. Den blanchierten, gut ausgedrückten Spinat zufügen. Etwa fünf Minuten dünsten, dabei mit Salz, Pfeffer und Muskat würzen. Anschließend den Spinat mit einem großen Messer fein hacken. Mit Topfen und etwas Sahne verrühren und kräftig abschmecken.

3 Von dem zur Rolle geformten Teig dünne Scheiben abschneiden und diese mit dem Nudelholz auf der bemehlten Arbeitsfläche zu etwa acht bis zehn Zentimeter großen Kreisen auswalzen. Einen guten Löffel Füllung in die Mitte setzen und flach verstreichen – rundum einen Rand lassen, mit einem zweiten Teigkreis zudecken und am Rand gut zusammenkneifen.

4 Die Tirtlen in heißem Fett schwimmend golden ausbacken.

5 Die gebackenen Tirtlen auf mehrschichtig gelegtem Küchenpapier gut abtropfen lassen. Entweder aus der Hand servieren oder mit einem Salat als ganze Mahlzeit.

GETRÄNK

Wir empfehlen einen Lagrein Kretzer, einen Rosé aus Südtirol, zum Beispiel vom Erbhof Unterganzer in Bozen. Es kann aber auch ein gleichzeitig milder und fruchtig-frischer Weißburgunder aus Südtirol sein. Vorstellen könnte man sich dazu auch gut einen Roten vom Kalterer See. Und für Kinder passt natürlich immer ein Apfelsaft!

TIPP

Statt des Krapfenteigs kann man auch fertige Frühlingsrollenhüllen verwenden, die es tiefgekühlt im Asienladen gibt. Die Teigblätter rundum mit Eiweiß einpinseln, damit sie schön geschlossen bleiben.

Dessert: Erdbeer-Verrine

Gäste lieben am Ende des Essens ein Dessert, und da ist es gut, ein Rezept zu haben, das nicht aufwendig ist, aber dennoch Eindruck macht. In Mode sind in Frankreich zurzeit Verrinen: Im Glas (französisch: von verre) eingeschichtetes Dessert – es steht hier also das Behältnis für den Inhalt, wie etwa bei der Terrine, der in einer irdenen Form gegarten Pastete… In ein solches verre, also Glas, schichten wir Erdbeeren ein, in Scheibchen geschnitten und mit etwas Erdbeerpüree vermischt, obenauf Mangospalten und darüber eine Joghurtcreme (aus dem herrlich fetten griechischen), die mit Zucker bestreut wird. Ist im Handumdrehen gemacht und es kann niemand widerstehen!

1 Die Erdbeeren entkelchen, ein Drittel davon abnehmen (ruhig die weniger schönen Früchte) und mit etwas Zucker und einem Spritzer Zitronensaft zu einer Sauce mixen. Die anderen Früchte vierteln oder in Scheiben schneiden. Mit dem Erdbeerpüree mischen und nochmals abschmecken (eventuell mit einigen Spritzern Erdbeer- oder Zitronenlikör). In sechs bis acht Gläser verteilen.

2 Die Mangos schälen, das Fleisch vom Stein schneiden und würfeln. Über den Erdbeeren in den Gläsern verteilen.

3 Den Joghurt glatt rühren, mit Zitronensaft und -schale würzen. Kein Zucker! Der kommt erst am Ende obenauf, wenn der Joghurt überall verteilt ist. Das geht übrigens ohne Kleckern mit einem Spritzbeutel. Schließlich den braunen Zucker auf der Oberfläche verteilen. Kalt stellen und direkt aus dem Kühlschrank servieren.

GETRÄNK

Dazu schmeckt ein Fragolino, ein süßer Wein aus der Amerikanerrebe, wie man ihn manchmal in Italien findet. Oder ein Glas Sekt.

ZUTATEN

Für sechs bis acht Personen:

1 kg reife duftende Erdbeeren
Zucker nach Geschmack
etwas Zitronensaft und -schale
2 reife, gelbe Mangos
400 g griechischer Joghurt (oder halb Joghurt, halb Crème fraîche)
100 g brauner Zucker

Chilis

Chilis:

Mehr als nur ein Gewürz!

Chilis eröffnen eine neue Geschmackswelt!

Chilis sind schwer in Mode gekommen – dadurch ist im Angebot der Feinkosthändler eine enorme Vielfalt entstanden. Selbst im gewöhnlichen Supermarkt kann man verschiedene Sorten finden, von den kleinen scharfen Thaichilis bis zu den großen, milderen aus der Türkei, manchmal sogar die hübschen lampionähnlichen, teuflisch scharfen Habaneros aus der Karibik oder die ihnen verwandten, nur wenig schwächeren Madame Jeanette. Man kann Chilis übrigens gut selber ziehen, auch auf dem Balkon oder sogar auf der Fensterbank. Dann hat man die größte Auswahl – Pflanzen oder Samen gibt's bei verschiedenen Adressen (im Internet finden Sie jede Menge!). Aber was machen mit all den schönen, scharfen Früchten? Wer immer nur ein bisschen davon ins Essen tut, um es sanft zu schärfen, wird seiner Ernte nicht Herr. Außerdem ist es schade, denn aus Chilis lässt sich eine Menge Gutes produzieren.

Ein bisschen fein gehackte Chili gehören ja zu nahezu jedem asiatischen Gericht (Sie wissen schon: der Würzdreiklang Ingwer, Knoblauch, Chili!), aber wer richtig viel Chili geerntet hat, der braucht das Rezept für unsere neueste Kreation: Chilikonfitüre. Sie ist rattenscharf, aber auch süß, weil wie eine Fruchtkonfitüre mit viel Zucker gekocht, und das macht sie zu einer herrlich würzigen Angelegenheit: Gut als Grillsauce oder, fast noch besser, zum gereiften Käse – nur wirkliche Freaks streichen sie auch aufs Frühstücksbrötchen...

Binsenweisheit: Chilis sind scharf

Die verschiedenen Sorten haben nicht nur verschiedene Formen und liefern alle unterschiedliches Parfum, Geschmack und Aroma, sondern in ihnen steckt auch jeweils eine unterschiedliche Schärfe. Diese wird in Scoville gemessen, einer Skala, die nach ihrem Erfinder benannt wurde; sie reicht von 1 für eine milde, sanfte Schärfe bis 10, der absoluten Schmerzgrenze.

Leider kann man den Chilis nicht ansehen, ob und wie scharf sie sind. Als Faustregel lässt sich festhalten: Grüne Chilis sind noch nicht ausgereift, ihre Schärfe ist noch nicht so üppig und ausgeprägt.
Und: je kleiner, umso schärfer. Die winzigen Thaichilis (Vogelaugenchilis) sind noch weitaus schärfer als die fingerlangen. In jedem Fall muss man erst einmal probieren: Dabei beginnt man mit der Spitze,

die im Allgemeinen weniger scharf ist als der Stielansatz, wo auch die meisten Kerne stecken und sich die wattigen inneren Trennwände treffen – beides die Schärfezentren einer Chilischote.

Die Chili-Feuerwehr

Falls man mal einen zu scharfen Bissen erwischt hat, die Zunge brennt, die Augen tränen und man innerlich zu verbrennen glaubt: auf keinen Fall jetzt mit Wasser löschen! Das macht alles nur noch schlimmer. Lieber einige Gurkenscheiben essen, also ein kühles Gemüse, trockenes Brot, blanken Reis, gekochte Kartoffeln oder Joghurt – Dinge, die lindernd wirken und die gereizten Schleimhäute besänftigen. Und noch eins: Chilis mit bloßen Händen anzufassen, davor haben wir ja schon gewarnt. Bei kleinen Mengen lässt sich das noch ertragen. Aber: Danach auf gar keinen Fall ins Auge fassen oder andere empfindliche Körperteile berühren, erst recht nicht empfindliche Babyhaut. Also: Gründlich die Hände waschen und mit Zitronensaft abreiben! Übrigens: Weil die Schärfe sich vor allem in den Kernen sowie in den wattigen Trennwänden konzentriert, ist es ratsam, diese zu entfernen – dann bleibt das Aroma, aber die allzu beißende Schärfe wird gelindert.

Getränke zu scharfen Sachen

Wunderbar passt immer ein vollmundiger, durchaus trockener Riesling – es ist keineswegs so, dass die Süße zu asiatischen Gerichten immer aus der Restsüße eines leichten Kabinetts kommen muss, wie man immer wieder als Empfehlung lesen und hören kann. Eine wirklich kraftvolle Spätlese schmeckt uns viel besser zu scharfen Gerichten, gerade wenn sie trocken ist! Natürlich geht auch stets ein Bier. Ein fruchtiger Cidre eignet sich ebenfalls. Und Wasser ist gerade hier ideal, weil absolut neutral.

Chilisaucen

Natürlich kann man eine ganze Menge unterschiedlicher Chilisaucen fertig kaufen. Aber wie es so mit Essbarem aus industrieller Produktion ist: So richtig gut schmecken diese Sachen selten. Dabei lassen sich aus frischen Chilis schnell wunderbare Dip- und Würzsaucen herstellen (siehe nächste Seite).

Grüne Chilisauce

Diese Sauce liefert frischen, grünen, also gemüsigen Chiligeschmack – passt gut zu gebratenem Fleisch, zu Gegrilltem, zu Fisch.

Entkernte Chilis, Basilikum- oder Petersilienblätter ohne Stiel sowie geschälte Knoblauchzehen im Mixer pürieren und abschmecken.
In einem Schraubglas gut verschließen. So hält sich diese Sauce mehrere Tage im Kühlschrank.

ZUTATEN

Für ca. acht bis zehn Portionen:

100 g grüne Chilis
eine Handvoll Basilikum- oder Petersilienblätter
1 kleine Handvoll Knoblauch
ca. 4 EL Olivenöl
Salz, Pfeffer

Chiliöl

ZUTATEN

1 Handvoll getrocknete Chilis
1/2 l neutrales Öl (Erdnuss-, Sonnenblumen- oder Olivenöl
3-4 Knoblauchzehen

Zum Würzen in der Küche (wenn Suppen und Saucen zu sanft schmecken) oder auch auf dem Tisch nützlich, zum Beispiel fürs Frühstücksei, zu gedünstetem Fisch, zu gebratenem Fleisch oder zu gedämpftem Gemüse.

Chilis zerbröseln, in einem Topf mit Öl bedecken. Langsam erhitzen, etwa fünf Minuten leise sieden lassen, bis sich die Chilis dunkel färben und starken Duft verbreiten. Jetzt etwas gehackten Knoblauch zufügen, mit dem Mixstab hineinfahren, um die Chilistückchen zu zerkleinern. Das Chiliöl in ein Schraubglas füllen und kalt stellen.

Chilikonfitüre

Ein Kilo Chilis müssen zunächst geputzt und entkernt werden. Dafür müssen Sie – wir betonen: Sie müssen! – unbedingt Handschuhe anziehen, denn die ätherischen Öle, das Capsaicin, das in den Chilis steckt (und sie auch so wertvoll, zum Beispiel für die Medizin, macht), greift die Haut an. Und bei dieser Menge tut es das sehr schnell und sehr intensiv, und führt dazu, dass die Hände brennen wie Feuer (es lässt erst nach Stunden nach, der Schmerz aber ist bis dahin nicht auszuhalten und nur zu lindern, indem man die Hände immer wieder in Eiswasser steckt). Also: Handschuhe an! Am besten die hauchdünnen Einmalhandschuhe aus der Apotheke.

Die Chilis halbieren, Stiel und Kerne entfernen. Danach 75 Prozent des Gewichts an Chili in Zucker abwiegen, die Chilis damit gut vermischen und Saft ziehen lassen. Erst dann aufkochen (hier ist, wie für alle Konfitüren, der Kupfer- oder Messingkessel empfehlenswert, in dem die Konfitüre schneller kocht und ihre schöne Farbe behält) und etwa fünf bis acht Minuten leise köcheln lassen. Nach dem Aufkochen Zitronensaft unterrühren – der hilft besser zu gelieren und schont ebenfalls die Farbe. Nach fünf Minuten mit dem Pürierstab alles grob zerkleinern. Sobald die Gelierprobe die richtige Konsistenz signalisiert, in kleine Schraubgläschen füllen und heiß verschließen.

ZUTATEN

Für acht bis zehn kleine Gläschen à 100 Gramm:

1,3 kg Chilis
750 g Zucker
Saft einer Zitrone

Fruchtiger Chili-Dip

Passt zu Fisch oder Fleisch, ist eine hervorragende Grillsauce oder gut zum Fleischfondue.

Die frischen Chilischoten sehr fein würfeln, mit den Ananaswürfeln mischen und mit Zitronensaft und Olivenöl anmachen. Salz, Pfeffer und Koriandergrün dazugeben.

ZUTATEN

Für ca. acht Portionen:

Je 3-4 grüne, rote und gelbe Chilischoten
½ rote Zwiebel
1 große Knoblauchzehe
2 Tassen gewürfeltes Ananasfleisch
2 EL Zitronensaft
1-2 EL Olivenöl
Salz, Pfeffer
Koriandergrün
Basilikum oder glatte Petersilie

Chilihuhn

Wie man es in der chinesischen Küche liebt: mit reichlich Chili, aber auch Ingwer und Knoblauch rasch im Wok gebraten – dabei mit milden Chilis vermischt, die sozusagen die Gemüsebeilage sind.

ZUTATEN

Für zwei bis drei Personen:

300 g Hähnchenbrust
1 EL Speisestärke
2 EL Öl (neutrales Erdnussöl oder Olivenöl)
1 EL Sesamöl (für den chinesischen Geschmack)
1 EL fein gewürfelter Ingwer
1 EL Knoblauch
1 EL Chili
½ rote Zwiebel in Halbringen
Salz, Pfeffer
je eine Handvoll Streifen von Jalapeño, gelbem Paprika und rotem milden türkischen Chili
½ TL Zucker
1 kleine Handvoll Cashewkerne
1 EL Sojasauce
2 EL Weißwein
eventuell 1 Schuss Wasser
Basilikumblätter
Koriandergrün

1 Das Fleisch zentimeterklein würfeln und mit Stärke einreiben. Im Wok in heißem Öl (beide Sorten mischen) rasch unter Rühren braten, dabei sogleich die Würzzutaten sowie die Zwiebel in den Wok werfen und jetzt auch salzen und pfeffern.

2 Anschließend die Gemüsechilis zufügen und mitbraten. Alles mit Zucker würzen. Die Nüsse in den Wok streuen und mitbraten. Schließlich Sojasauce und Wein angießen. Am Ende die Basilikumblätter untermischen und alles auf einer Platte anrichten. Erst dann das Koriandergrün darüberstreuen.

BEILAGE

Körniger, duftiger Reis oder einfach nur Weißbrot.

Hähnchen-Chili

In Amerika ist der Begriff Chili Synonym für solche würzigen Ragouts, nicht nur aus Hackfleisch, wie man es bei uns am liebsten isst und als Chili con Carne bekannt, sondern aus den unterschiedlichsten Fleischsorten, ähnlich wie Gulasch, wenn man so will. Wir nehmen diesmal Hähnchenbrust und bereiten sie so zu:

1 Das Fleisch gut zentimetergroß würfeln und mit Stärke einreiben – wie es in der chinesischen Küche üblich ist, weil dann das Fleisch besonders zart wird. Die Zwiebeln und Knoblauch würfeln, Chilis entkernen und ebenfalls würfeln.

2 In einem großen, breiten Topf (viel Bodenkontakt für die Zutaten!) das Olivenöl erhitzen und zuerst Zwiebeln, Knoblauch und Chili andünsten, dann erst die Hitze verstärken und die Auberginen- und Paprikawürfel zufügen. So lange unter Rühren braten, bis die Auberginen rundum schön gebräunt sind. Dabei salzen und pfeffern. Die Thymianblättchen abzupfen und zufügen. Die Tomaten häuten, mitsamt den Kernen grob hacken und mitköcheln lassen – es soll sich jetzt alles zu einer angenehm duftenden Sauce verbinden, wenn nötig etwas Brühe oder Wein angießen.

3 Erst jetzt das Hähnchenfleisch zufügen. Gut untermischen, dann alles zugedeckt fünf Minuten miteinander leise schmurgeln lassen. Zum Schluss nochmals abschmecken und reichlich frische Kräuter einrühren.

BEILAGE

Dazu passt ein duftender, lockerer Reis, aber es ist auch Kartoffelpüree denkbar!

ZUTATEN

Für vier bis sechs Personen:

ca. 500 g Hähnchenbrust
1 EL Speisestärke
2 weiße oder rote Zwiebeln
4-5 Knoblauchzehen
4 EL Olivenöl
eine gute Handvoll Chilis (am besten verschiedene Sorten: die kleinen scharfen Thaichilis, damit's feurig wird, die größeren Jalapeños für die Würze, aromatische Anchos – usw.)
1 Aubergine
2 Paprikaschoten (rot und gelb)
Salz, Pfeffer
Thymianzweige
2 Tomaten
ein guter Schuss (höchstens 1/8 l) Brühe oder Weißwein
Koriandergrün oder Petersilie (auch Basilikum ist gut geeignet)

Pimientos de Padron

Die kleinen länglichen Chilis aus Padron, einem kleinen Ort in Mittelspanien, sind auch bei uns in der letzten Zeit Mode, wenn nicht sogar Kult geworden: Sie haben einen sehr typischen, ganz eigenen, charakteristischen Geschmack, und sie sind am besten, wenn man sie einfach in einer heißen Pfanne auf ziemlich starker Hitze brät: Rein ins heiße Olivenöl, immer wieder schwenken und hochwerfen, bis die grünen Schoten rundum schöne Bratspuren zeigen und olivgrün geworden sind. Ganz zum Schluss ein bisschen Salz (hier ist das feinste Salz endlich mal am Platz: Fleur de Sel!) darüber – fertig. Und dann werden sie am besten mit den Fingern zum Sherry verspeist. Wenn sich dann der Satz bewahrheitet: pimientos de padron: unas picas, otras non... (Pimientos aus Padron: manche beißen, manche nicht...), hat sich unter den ansonsten herrlich sanften Chilis die eine oder andere ganz schön feurige befunden...

Übrigens: Auch Fleur de Sel ist in Mode gekommen und plötzlich soll man es überall einsetzen. Aber bitte bedenken Sie: Fleur de Sel ist eine kostbare Rarität. Damit geht man einfach nicht verschwenderisch um, als sei es eine völlig normale, eben nur teure Zutat. Es ist Unfug, wenn man damit das Nudelwasser salzt.

Schokoladenkuchen mit Chili

Schokolade und Chili passen wunderbar zusammen, das ist nichts Neues – aber unser chilisierter Schokoladenkuchen ist nicht nur unglaublich gut, sondern auch so saftig wie sonst keiner und obendrein kinderleicht gemacht. Das Ergebnis ist umwerfend!

ZUTATEN

Für eine Springform von 24 cm Durchmesser:

250 g Butter
250 g allerbeste dunkle Schokolade (70 % Kakaogehalt)
250 g Zucker
4 Eier (250 g)
2 EL Mehl
1 Prise Salz
2-3 rote und grüne Thaichilis
Butter für die Form

1 Butter und Schokolade in einem Topf bei kleinster Hitze miteinander schmelzen. Inzwischen in einer Rührschüssel Zucker, Eier und Mehl mit einem Holzlöffel oder einem Schneebesen miteinander glatt rühren, die Prise Salz sowie die winzig fein gewürfelten, entkernten Chilis untermischen. Beide Massen jetzt sehr gründlich miteinander vermengen. Dafür eignet sich am besten ein Gummischaber.

2 Den Boden einer Springform mit Alufolie bedecken, den Rand der Form spannen und mit Butter ausstreichen. Die Schokomasse einfüllen und den Kuchen bei 160 °C (Ober- und Unterhitze) ca. 30 Minuten backen.

3 Den Kuchen etwas abkühlen lassen, aus der Form nehmen und auf ein Kuchengitter stürzen. Vorsichtig die Folie vom Boden abziehen und den Kuchen ganz auskühlen lassen. Dazu schmeckt wunderbar gekühlte Crème fraîche – oder einfach halb steif geschlagene Sahne.

Apfelstrudel

Apfelstrudel:

Knusprig, frisch und herrlich saftig

Apfelstrudel gehört zu den Gerichten, die schon allein durch den Klang des Worts ein Lächeln auf das Gesicht zaubern. Man spürt sofort den hauchdünnen Teig auf der Zunge, wie er unter einer Puderzuckerschicht blättrig knuspert: hauchdünner Teig und üppige Fülle. Dazu Vanillesauce, Familiensauce, wie unsere Freundin Sybille immer sagt, weil sie als Kind das schwierige Wort nicht richtige aussprechen konnte. Das ist ein Klassiker und in der Verbindung einfach unwiderstehlich.

Tipps rund um Strudelteig

Strudelteig ist übrigens der billigste Teig, den man sich vorstellen kann, er kostet wirklich nur wenige Pfennige. Den kann man sich auch leisten, wenn im Geldbeutel Ebbe herrscht ...

Natürlich kann man Strudelteig fertig kaufen, den findet man im Kühlregal zur Rolle aufgewickelt. Er ist schön dünn und funktioniert ganz prächtig. Aber ein handgezogener Strudelteig ist einfach etwas anderes. Und es ist wirklich gar nicht so schwer!

Man kann den Teig mit Ei, ohne Ei oder auch nur mit ein wenig Eiweiß zur besseren Bindung herstellen. Geschmacklich macht es keinen großen Unterschied. Mit ein wenig Ei ist der Teig elastischer und lässt sich leichter ausziehen.

Die Zutaten sollten von Hand zusammengeknetet werden, nicht mit der Küchenmaschine, weil man dann genau spürt, wann der Kleber des Mehls die rechte Bindung entwickelt. Der Teig, der vorher feucht und klebrig war, wird nämlich auf einmal glatt, dehnbar und elastisch. Am Ende ist er weich und seidig, aber er klebt nicht. Es ist übrigens einfacher, ihn mit Öl anzurühren als mit Butter. Denn die kann bei zu kalten Temperaturen in der Küche bröckeln, und wenn's zu warm ist, fließt sie davon. Öl ist pflegeleichter. Ein neutrales Erdnussöl oder ein aromatisches Öl, ganz nach Geschmack, etwa Mandelöl, Pistazien-, Haselnuss- oder Walnussöl geben einen schön nussigen Geschmack.

Grundrezept Strudelteig

1 Das Mehl für den Teig auf die Arbeitsfläche häufen, in die Mitte eine Vertiefung drücken, dort hinein das Salz, das Öl, eventuell das Ei und etwas Wasser geben.

2 Mit einer Gabel zunächst von der Mitte her alles vermischen, dabei immer mehr Mehl vom Rand zufügen, schließlich mit der Hand weiterkneten und so viel Wasser angießen, bis ein weicher, seidig-glatter Teig entstanden ist.

3 Zu einer Kugel formen, mit Öl rundum einpinseln und in einer Plastiktüte luftdicht verpackt ein bis zwei Stunden ruhen lassen.

DIE ÄPFEL

Es müssen säuerliche Äpfel sein, damit der Strudel am Ende nicht zu süß wird. Auch sollten die Äpfel möglichst gut ihre Form und Farbe behalten. Es eignen sich vor allem die fruchtigen Elstar, auch Rubinette oder Berlepsch.

TIPP

Strudelfans stellen gleich eine doppelte Teigmenge her. Er hält sich nämlich gut ein paar Tage im Kühlschrank (luftdicht verpackt!). Muss aber natürlich vor dem Verarbeiten Zimmertemperatur annehmen.

ZUTATEN

Strudelteig für vier Personen:

220 g Mehl
1 Prise Salz
1 EL Öl
½ l lauwarmes Wasser

Oder:
250 g Mehl
1 Prise Salz
1 EL Öl
1 kleines Ei
ca. 100 ml Wasser

Außerdem:
Öl zum Einpinseln
Mehl zum Ausrollen

Klassischer Apfelstrudel

ZUTATEN

Für 1 Strudel:

Füllung:
Ca. 1 kg säuerliche Äpfel (Gravensteiner, Elstar, Boskop)
2-3 EL Zitronensaft
Schale einer halben Zitrone
2-3 EL Zucker
eventuell 1/4 TL Zimt
und eine Spur Cayenne
ca. 100-150 g Butter
2 gehäufte EL Mandelstifte (oder -blättchen)
100 g Semmelbrösel
2 EL in Rum (oder Apfelbrand) eingeweichte Rosinen
ca. 1/8 l halb Milch/halb Sahne zum Begießen

Für vier Personen ein ganzes süßes Mittagessen – in diesem Fall gibt's vielleicht als Vorspeise eine Suppe oder einen Salat. Als Nachtisch reicht die Menge vielleicht auch für sechs bis acht ...

1 Die Äpfel vierteln, schälen und das Kerngehäuse entfernen. Die Viertel in feine Scheibchen hobeln und in einer Schüssel sogleich mit Zitronensaft, -schale und Zucker vermischen. Nach Belieben mit Zimt, eventuell sogar mit einem Hauch Cayenne würzen.

2 Die Butter in einer Pfanne schmelzen, die Hälfte davon in eine Schüssel abgießen, die brauchen wir zum Einpinseln. In der restlichen Butter zuerst die Mandelstifte (oder -blättchen) anrösten. Herausheben, gut abtropfen und beiseite stellen. Anschließend die Semmelbrösel in der Pfanne rösten, bis sie duften.

3 Zum Ausrollen des Strudelteigs ein großes Küchentuch auf der Arbeitsfläche ausbreiten. Mit Mehl bestäuben, dann den Teigkloß (er muss unbedingt Zimmertemperatur haben. Sollten Sie ihn auf Vorrat hergestellt haben, rechtzeitig aus dem Kühlschrank nehmen und warm werden lassen!) mit dem Nudelholz erst einmal möglichst dünn ausrollen. Er ist inzwischen so weich, dass er fast schon von alleine in die Breite fließt.

4 Jetzt vorsichtig ausziehen: Dafür mit den bemehlten Handrücken unter die Teigfläche fahren und sie durch Anheben behutsam dehnen. Keine Angst: Der Teig ist elastisch genug, er gibt nach und wird durchscheinend dünn. Wenn ein Löchlein reißt, lässt es sich leicht zusammendrücken und flicken. Am Ende sollte man buchstäblich die Zeitung durch ihn hindurch lesen können beziehungsweise das Muster des Küchentuchs erkennen.

5 Nun die gesamte Teigfläche mit flüssiger Butter einpinseln. Die gesamte Längsseite entlang auf einem Drittel die Hälfte der Butterbrösel verteilen. Darauf dann die Apfelscheibchen, dazwischen die Rosinen und die Mandelblättchen/-stifte streuen. Die restlichen Brösel auf dieser Apfelschicht verteilen. Jetzt das Tuch an dieser belegten Seite anheben und so den Strudel zusammenrollen. Mit Hilfe des Tuchs auf das Backblech oder in eine feuerfeste flache Bratenform heben, dort zur Schnecke zusammenbiegen.

6 Jetzt gibt es wieder mehrere Möglichkeiten. Entweder man will den Strudel knusprig: dann wird er reichlich mit flüssiger Butter eingepinselt und etwa eine halbe Stunde gebacken. Dabei immer wieder mit Butter bestreichen. So wird die Hülle knusprig und goldbraun und blättert sich in deutliche Schichten auf. Einen Teil der Butter kann man auch durch Crème fraîche ersetzen, die nicht ganz so fett ist.

Wer den Strudel lieber saftig möchte, bestreicht ihn vor dem Backen mit Sahne oder Milch und muss ihn auch während des Backens immer wieder großzügig damit einpinseln.

Moritz' Großmutter drehte den Strudel immer zu einer großen Schnecke, die eine ganze Auflaufform ausfüllte. Dann wurde er mit Milch begossen, Butterflöckchen obenauf verteilt und etwas Zucker. Und schließlich wurde er goldbraun gebacken. Er kam mit Puderzucker bestäubt in der Form auf den Tisch, mit reichlich duftender Vanillesauce…

7 Den Strudel bei 200 °C Heißluft/220 °C Ober- und Unterhitze etwa 35 bis 40 Minuten backen.

Vanillesauce

ZUTATEN

Für vier bis sechs Personen:

½ l Milch
2-3 El Zucker
1 Vanillestange (oder zwei Tütchen Vanillezucker)
1 Prise Salz
4 Eigelb
eventuell 100 ml Sahne

Dass die Vanillesauce aus der Tüte immer so aufdringlich schmeckt, hat mit dem künstlichen Vanillinaroma zu tun, das die Industrie dafür verwendet. Man braucht den Duft der echten Vanille, damit die Sauce ein Genuss ist. Wir zeigen die Version, die garantiert gelingt.

1 Die Milch aufkochen, Zucker und Vanillestange dazugeben und den Topf vom Feuer ziehen. Die Stange zehn Minuten darin ziehen lassen. Dann herausfischen, längs aufschlitzen und das Mark herauskratzen und mit der Salzprise in die Milch rühren.

2 Die Eigelb in einer Schüssel mit dem Schneebesen cremig schlagen. Von der erneut aufgekochten Milch ein Drittel unter kräftigem Schlagen dem Eigelb zufügen. Dann alles zur restlichen Milch in den Topf gießen und erhitzen. Dabei mit dem Holzlöffel geduldig und kräftig rühren, am besten eine Acht rühren, damit der gesamte Topfboden vom Rührlöffel erreicht wird und die Eiermilch nirgends zu heiß wird. Milch und Eigelb müssen nämlich noch einmal richtig erhitzt werden, damit eine gute Bindung entsteht, aber beides darf nicht ins Kochen geraten, weil sonst die Sauce gerinnt.

3 Durch ein Sieb gießen und kalt stellen. Schön locker wird die Sauce übrigens, wenn man vor dem Servieren ein bisschen geschlagene Sahne unterzieht.

GETRÄNK ZUM APFELSTRUDEL

Ein Glas Apfelsaft oder auch ein Gläschen Apfellikör. Eine süße Riesling Auslese oder Spätlese. Natürlich passt auch Kaffee, Espresso oder Tee.

Herzhafter Apfelstrudel mit Blutwurst

Wer sagt denn, dass ein Apfelstrudel immer süß sein muss? Schließlich weiß man ja, dass Äpfel auch zu Herzhaftem prima schmecken. Wir füllen ihn mit Blutwurst, gerösteten Zwiebeln, Äpfeln und viel Majoran und servieren ihn als originelles Mittag- oder Abendessen. Zusammen mit einem knackigen Salat!

1 Den Teig hauchdünn zu einer großen Fläche ausrollen und mit flüssiger Butter bestreichen. Zuerst geröstete Semmelbrösel als Unterlage auf der einen Hälfte der Teigfläche verteilen. Darauf werden in Scheibchen geschnittene und in Zitronensaft und Schale gewendete Äpfel, geröstete Zwiebelringe, gehackter Knoblauch, reichlich Schnittlauch und Majoran und Würfel von guter Blutwurst (Flöns) gebettet.

2 Den Strudel aufrollen, mit Butter bestreichen und bei 200 °C Heißluft/220 °C Ober- und Unterhitze backen.

BEILAGE
Grüner Salat.

GETRÄNK
Es passt natürlich ein Pils oder anderes Bier. Es darf aber gern auch ein Glas Wein sein, zum Beispiel ein Weißburgunder aus der Pfalz.

ZUTATEN
Für vier Personen:

1 Strudelteig (siehe S. 137)
100-150 g Butter
100 g Semmelbrösel
500 g Äpfel
Zitronensaft und -schale
Salz, Pfeffer
1 Zwiebel
2 Knoblauchzehen
reichlich Schnittlauch
etwas getrockneter Majoran
250 g Blutwurst

Pasta

Pasta! Pasta!

Denn Nudeln machen einfach glücklich

Pasta liebt jeder. Man kann die Zutaten immer im Haus haben und mit ein bisschen Fantasie steht ruckzuck ein tolles Essen auf dem Tisch. Diesmal haben wir uns blitzschnelle Saucen ausgedacht, die im Handumdrehen entstehen. Immer wird zuerst das Nudelwasser aufgesetzt – sowie das Wasser aufkocht, die Nudeln hinein! Und wenn sie gar sind, ist auch die Sauce fertig! Auf die Plätze, fertig, los!

Pasta ist nicht gleich Pasta

Es gibt unendlich viele verschiedene Pastasorten: schmale, breite, dicke, dünne, kurze, gerippte, gewellte, gedrehte. Das ist keine Spielerei. Die Form ist für den Geschmack durchaus entscheidend. Ob schmal und dünn oder dick und fest – die Form der Nudel bestimmt ihre Konsistenz, die Textur, das Gefühl, das mit ihr im Mund entsteht, und beeinflusst so auch maßgeblich den Geschmack. Deshalb sollte man stets die Nudelform der begleitenden Sauce anpassen. Und die Zutaten für die Sauce immer der Pastaform ähnlich zuschneiden: Das Gemüse beispielsweise für eine Sauce zu Penne, also den kurzen, dicken, glatten oder gerippten hohlen Nudeln, in ebenso dicke Stifte oder Würfel. Für dünne Spaghetti lieber in spaghettifeine Streifen und zu Bandnudeln in ebenso dünne Bänder – beispielsweise mit dem Sparschäler oder auf dem Gurkenhobel.

Was bedeutet bei Pasta Qualität?

Ob Nudeln gut sind, spürt man sofort auf der Zunge. Sie sind straff, haben Biss, fühlen sich niemals schlaff und weich an. Aber warum bleiben manche Nudeln fest und warum zerkochen andere zu Brei? Und wo und wie findet man sie beim Einkauf? Es hat natürlich mit der Mehlqualität zu tun, ob Nudeln kernig sind oder beim Kochen matschig werden. Gute Pasta wird deshalb nahezu ausschließlich aus Hartweizen hergestellt – übrigens nicht nur in Italien, sondern auch in Deutschland! Da hilft also der Blick aufs Etikett. Hartweizen hält im Unterschied zu dem üblichen Mehl aus Weichweizen einfach besser die Form. Ganz abgesehen von seinem herzhafteren Geschmack. Und gerade bei Nudeln gilt: Wenn man einmal eine Sorte beziehungsweise einen Hersteller gefunden hat, der einem zusagt, dann sollte man ihm treu bleiben. Das erspart Enttäuschungen…

Nudeln mit und ohne Ei

Bei uns kannte man früher ausschließlich Eiernudeln, die selbstgemacht am besten schmecken.

Eiernudeln haben in Italien nur in einigen Regionen Tradition, eher dort, wo gewisser Wohlstand herrschte. Denn Eier waren teuer – und in der sogenannten cucina povera (Arme-Leute-Küche) kannte man Nudelteig mit nur einem einzigen Ei pro Kilo Mehl, der Rest war Wasser. Das absolute Gegenteil dazu findet man im Piemont, wo man viel Eiweiß benötigte, um den Rotwein zu klären. Es fiel also stets eine erhebliche Menge Eigelb an, sodass es durchaus nichts Besonderes war, wenn man viel davon in den Pastateig kneten konnte. Da wetteiferten die Hausfrauen, wer mehr im Teig unterzubringen vermochte. Spitzenleistung: bis zu sechzig Eigelb auf ein Kilo Mehl! Drei oder vier Eiweiß gibt man für die Bindung hinzu. Je mehr Eigelb im Teig verarbeitet ist, desto fester ist der Teig. Die Pasta erhält dadurch ihren festen Biss, auch wenn normales Haushaltsmehl, also kein Hartweizen, dafür verarbeitet wurde. Aber: Es muss dieser Teig ausgewalzt werden, bis es fast durchscheinend dünn geworden ist.

Und zu guter Letzt die Antwort auf die Frage: Warum schmecken Nudeln manchmal so fad? Weil man sich hierzulande vor Salz fürchtet. In Italien kocht man Pasta in Salzwasser, das fast Meerwasserkonzentration aufweist. Das bedeutet 20 bis 25 Gramm auf einen Liter. Das mag zunächst einmal erschreckend klingen. Aber probieren Sie es aus! Sie werden feststellen: Auf einmal schmeckt die Pasta herzhaft und intensiv und ist beileibe nicht zu salzig.

Und noch eins: Pasta braucht Platz, sie muss in reichlich Wasser schwimmen. Rechnen Sie pro 100 Gramm einen Liter Wasser, mindestens! Und: kein Deckel auf den Topf! Das Wasser leise wallend am Kochen halten, es muss verdampfen können.

Kochen Sie die Pasta nach Packungsaufschrift – die Hersteller wissen am besten, wie lange jede spezielle Sorte braucht, um den richtigen Biss zu haben. „Al dente“ bedeutet übrigens nicht, dass ein teigiger Kern bleibt, sondern die Pasta den Zähnen gerade eben einen federleichten Widerstand bietet. Dann ist sie gar und schmeckt garantiert nicht nach Mehl, sondern herzhaft, kernig und unwiderstehlich!

Pasta mit Auberginen & Kapern

Eine Pasta, wie man sie in Sizilien liebt. Für diese Sauce nimmt man am besten eine feste, dicke Nudelsorte, zum Beispiel Penne – glatt oder geriffelt –, es könnten aber auch dicke Spaghetti sein, sogenannte Spaghettoni oder Maccheroni.

ZUTATEN

Für vier bis sechs Personen:

500 g Penne (kurze, gerippte oder glatte Pasta)
Salz
2 kleine oder 1 dickere Aubergine
4-5 EL Olivenöl
3-4 Knoblauchzehen
4-6 Anchovisfilets
glatte Petersilie
Zitronenschale
2 EL Kapern
Pfeffer
eventuell etwas Chilipulver oder Cayennepfeffer
1 kleine Handvoll Pinienkerne
3 geh. EL Semmelbrösel (siehe Tipp)
50 g Pecorino

TIPP

Nehmen Sie unbedingt frische Semmelbrösel, kein Paniermehl, das meist gewürzt und außerdem viel zu grob ist. Ideal sind Brösel aus italienischem Hartweizenbrot.

1 Für die Pasta in einem großen Topf ausreichend Wasser zum Kochen bringen. Sobald es aufwallt, salzen und sofort die Pasta zufügen. Ohne Deckel nach Packungsaufschrift bissfest kochen.

2 Die Aubergine längs in zentimeterdicke Scheiben, diese in Streifen und quer in zentimeterkleine Würfel schneiden. In kochendes Salzwasser werfen, nach zwei Minuten abgießen und abtropfen. Dadurch nimmt man den Auberginenwürfeln den Durst auf Öl, sie schlucken nicht mehr so viel davon, wenn sie in die Pfanne kommen.

3 In einer großen Pfanne 2 EL Öl erhitzen, gehackten Knoblauch andünsten, die Anchovis zufügen und darin schmelzen. Auch die Auberginenwürfel mitbraten, dabei reichlich fein gehackte Petersilie zufügen, auch die abgeriebene Zitronenschale sowie die Kapern. Mit Salz (sparsam – die Anchovis liefern bereits Salz), Pfeffer (die Mühle möglichst grob einstellen), und einem Hauch Chili oder Cayenne kräftig würzen.

4 In einer zweiten Pfanne die Pinienkerne ohne Zugabe von Öl anrösten, die Semmelbrösel zufügen und mitrösten, dabei behutsam mit etwas Olivenöl anfeuchten.

5 Die Pasta abgießen, dabei etwas Kochwasser auffangen. Die Nudeln nicht abtropfen, sondern tropfnass in die Pfanne mit den Auberginen geben – besser noch alles zurück in den Nudelkochtopf, wo sich eine solche Menge leichter mischen lässt. Die gerösteten Brösel und Pinienkerne sowie den geriebenen Pecorino und einen guten Schuss Olivenöl obendrüber leeren und alles gründlich vermengen. Eventuell mit einem Schuss Kochwasser anfeuchten. Jetzt darf die Pasta nicht mehr stehen, sondern sollte sofort serviert werden: in tiefen, vorgewärmten Tellern anrichten und zu Tisch bringen.

GETRÄNK

Ein eleganter, aber kräftiger Rosé aus Sizilien, tiefrot und üppig, zum Beispiel ein Cerasuolo aus Vittoria.

Pasta mit Garnelen und Chili

Hier eine eher spanische Pastavariante. Inspiriert von einer wundervollen spanischen Garnelenzubereitung: Gambas en achillo. Dazu passt eine kleine Pastasorte, die in Größe und Form etwa den kleinen Garnelenstückchen entspricht, zum Beispiel Mini-Penne. Es sind auch schmale Eiernudeln geeignet, wenn sie den richtigen Biss haben, zum Beispiel à la guitarra, das sind mit dem Draht geschnittene viereckige feine Eiernudeln.

ZUTATEN

Für vier Personen:

400 g Pasta
Salz
250 g Garnelenschwänze (TK-Ware, unbedingt roh!)
4 EL Olivenöl
1-3 getrocknete rote Chilis
4 Knoblauchzehen
Basilikum
ca. 50 g Manchegokäse

1 Die Pasta in reichlich gut gesalzenem Wasser bissfest kochen. Inzwischen die Garnelen mit kochendem Wasser überbrühen, nach einer Minute abgießen, kalt abspülen und einige Minuten abtropfen und auftauen lassen. Dann längs halbieren, dabei, falls vorhanden, den schwarzen Darm entfernen. Die Hälften nochmals durchschneiden, große Exemplare sogar mehrmals.

2 In einer Pfanne das Öl erhitzen, die Chilis darin kurz anrösten – wer zuviel Schärfe scheut, entkernt sie vorher. Den gehackten Knoblauch, rasch auch die abgetropften Garnelenstücke zufügen. Gründlich durchschwenken, dabei salzen und pfeffern und gleich auch die tropfnasse Pasta hinzugeben. Mischen, dabei das in feine Streifen geschnittene Basilikum untermischen.

3 In vorgewärmte Teller verteilen und mit hauchdünn gehobeltem Manchego bestreuen.

BEILAGE

Pochierte Eier. Damit sie perfekt gelingen, müssen sie sehr frisch sein. Möglichst einzeln pochieren: In reichlich Wasser, das nicht gesalzen, sondern mit Essig gewürzt ist. Das Wasser mit einem Kochlöffel stark aufrühren, in Schwung versetzen und in das Zentrum des Strudels das Ei gleiten lassen. Dadurch bleibt das Eiweiß um das Eigelb geschmiegt. 2-3 Minuten ziehen lassen.

GETRÄNK

Ein runder, weicher Rotwein aus Spanien, zum Beispiel ein Cariñena.

Spaghetti mit Leberstreifen und Salbei

ZUTATEN

Für vier Personen:

400 g Spaghetti
Salz
300 g Leber
1 junge Zwiebel oder Schalotte
2 EL Olivenöl
2 Knoblauchzehen
Pfeffer
1 El Balsamicoessig
1 Handvoll Salbeiblätter
30-40 g Parmesan

Hier steht das wunderbare Gericht „Leber auf venezianische Art" Pate. Man kann jegliche Art von Leber verwenden (von Huhn, Kaninchen, Zicklein, Lamm oder Kalb), und als Pasta eignen sich entweder feine, also dünne Spaghetti beziehungsweise Spaghettini oder sogar schmale Band- also Eiernudeln.

1 Die Spaghetti in reichlich gut gesalzenem Wasser gar kochen. Inzwischen die Leber in feine Scheibchen schneiden, eventuell sogar in Streifen (je nach verwendeter Nudelsorte). Die Zwiebel längs in Sechstel oder Achtel schneiden. In einer ausreichend großen Pfanne das Öl erhitzen, zuerst die Zwiebelstücke darin anbraten, auch den zerdrückten oder fein gewürfelten Knoblauch und schließlich die Leberstreifchen. Alles rasch unter stetem Schwenken eine Minute bei heftiger Hitze braten. Dabei salzen und pfeffern und, wenn die Leberscheibchen nicht mehr roh aussehen, mit Balsamico beträufeln. Die in Streifen geschnittenen Salbeiblätter in einer zweiten Pfanne in etwas Öl knusprig braten und am Ende zufügen.

2 Die tropfnassen Nudeln mit einer Spaghettizange aus dem Wasser fischen und rasch unter heftigem Schwenken unter die Leber mischen, dabei gleichzeitig den frisch geriebenen Käse einarbeiten. In vorgewärmten Tellern servieren.

GETRÄNK

Ein üppiger Ribolla oder Pinot grigio aus dem Friaul, oder auch ein würziger Rotwein aus Apulien, etwa ein Negroamaro.

Orecchiette mit grünem Gemüse

Grün, grün, grün: So viele grüne Gemüsesorten wie möglich, von jeder höchstens eine Handvoll, werden rasch in einer großen Pfanne oder im Wok ganz kurz gebraten, am Ende kommen die durchaus europäischen Orecchiette (Öhrchennudeln) hinzu: Eine fabelhafte Fusion von Orient und Okzident. Man könnte aber auch ganz asiatisch Reismehlnudeln verwenden.

1 Die Pasta aufsetzen und nach Packungsaufschrift bissfest kochen. Das Gemüse putzen und zuschneiden: Thaispargel, wenn nötig, schälen oder am unteren Ende kappen, Erbsen aus den Schoten pulen, Mangetouts schräg in Streifen schneiden, Saubohnen aus ihrer Hülle lösen, auch aus der inneren Haut pellen. Sellerie fädeln, quer in Scheibchen schneiden. Paprika in Streifen schneiden. Frühlingszwiebeln: das Weiß in feine, das Grün in etwas dickere Ringe schneiden. Chili entkernen und fein würfeln.

2 Beide Ölsorten im Wok erhitzen, zuerst Ingwer und Knoblauch, dann in rascher Folge die vorbereiteten Gemüse zufügen, unter Rühren braten und sogleich salzen – das stabilisiert die grüne Farbe. Mit Fischsauce und Limettensaft würzen, sofort die tropfnasse Pasta untermischen und die zerzupften Kräuter. In tiefen Tellern servieren – ruhig mit Stäbchen.

GETRÄNK

Ein kräftiger Weißwein, ein gereifter Riesling aus der Pfalz oder ein Weißburgunder vom Kaiserstuhl. Oder auch ein „exotischer" Rotwein. Wir haben einen Tauberschwanz getrunken, aus dem württembergischen Frankenland, kräftig im Geschmack, säurebetont und trotz Ausbau im Holzfass elegant und fruchtig.

ZUTATEN

Für vier bis sechs Personen:

400 g Öhrchennudeln (Orecchiette)
Salz
je eine Handvoll oder Tasse grünes Gemüse: Thaispargel, Erbsen, Mangetouts (Erbsenschoten), Saubohnen, feinste grüne Bohnen, Bleichsellerie, grüne Paprika (am liebsten Pimientos de Padron oder kleine türkische Paprikaschoten)
2 Frühlingszwiebeln
1 grüne Chilischote
2 EL neutrales Öl (Erdnuss- oder Sonnenblumenöl)
1 TL chinesisches Sesamöl
1 EL fein gewürfelter Ingwer
1 EL fein gehackter Knoblauch
Salz
1 EL Fischsauce
2 EL Limettensaft
1 kleine Handvoll Thaibasilikum und/oder Koriandergrün

Wurzeln

Wurzeln für Genießer:

Was Gutes unter der Erde wächst

Es ist ja einfach unglaublich, wie viele unterschiedliche Knollen, Wurzeln, Rüben bei uns gedeihen: Petersilienwurzeln, Pastinaken, Knollensellerie, gelbe Rüben, weiße Rüben, Steckrüben, Rote Rüben (besser bekannt als Rote Bete) und natürlich Möhren. Aber selbst die gibt es inzwischen in allen möglichen Farben: nicht nur orange, eben möhrenfarben, sondern tatsächlich gelb wie die Sonne und sogar dunkelrot! Dann die Rüben in ihrer Vielfalt, von den kleinen weißen Rübchen, den navets, zu den gelben Teltower Rübchen, die größeren Steck- oder Futterrüben. Das klingt nicht glamourös? Sie werden staunen, was man daraus alles zubereiten kann!

Wenn man alte Kochbücher betrachtet, ist man verblüfft, welche Vielfalt der unterschiedlichsten Rübchen, Wurzeln und Knollen dort zu sehen sind. Lange Zeit gab's auf unseren Märkten gerade mal Möhren – und höchstens noch als etwas Besonderes die hübschen Bundmöhren –, Knollensellerie und Rote Bete. Das war's dann schon. Doch mittlerweile hat man sich auf alte, vergessene Gemüsesorten besonnen und baut sie wieder verstärkt an. Es ist hübsch, zu sehen, welche Vielfalt da herrscht, seit die Gärtner und Kunden Spaß am Experimentieren haben. Und so kommt immer mal was Neues auf unseren Tisch.

Nehmen wir doch mal die Pastinaken. Unsere Urgroßeltern haben sie noch gern und oft gegessen und dann sind sie völlig aus dem Angebot verschwunden. Übrigens: Nicht verwechseln mit den Petersilienwurzeln, die zwar nah verwandt sind, aber dennoch viel schlanker sind und süßer im Geschmack. Und ihr Kraut, die glatte, ja besonders würzige Petersilie, ist zart und delikat, während das der derberen Pastinake ungenießbar ist.

Pastinakengratin

Es schmeckt pur, als vegetarisches Gericht, in diesem Fall kann man es am Ende der Schmorzeit mit Scamorza belegen und noch so lange backen, bis dieser cremig zerläuft. Es ist aber auch eine fabelhafte Beilage zum gebratenen Fleisch. Besonders köstlich zum Beispiel, wenn man das Roastbeef über die Gratinform in den Ofen setzt, sodass der Fleischsaft aufs Gemüse tropfen kann und es zusätzlich würzt.

1 Die Pastinaken mit dem Sparschäler schälen, längs vierteln oder sogar achteln, wenn sie sehr dick sind, und kleinfingerlang schneiden. In eine Auflaufform betten, mit Salz, Pfeffer und Muskat würzen, mit etwas Brühe benetzen und Butterflöckchen obendrauf verteilen.

2 Im 200 °C heißen Backofen (Heißluft 180 °C) etwa eine halbe Stunde schmurgeln. Etwa zehn Minuten vor Ablauf der Garzeit die Tomatenwürfel dazwischen verteilen und eventuell Scheiben geräucherten Mozzarella darüberlegen und schmelzen. Zum Servieren mit Schnittlauchröllchen bestreuen.

BEILAGE

Ein grüner Salat.

GETRÄNK

Ein runder, vollmundiger Rotwein, vor allem, wenn das Gratin mit dem Roastbeef auf den Tisch kommt. Zum Beispiel ein Wein aus dem Languedoc, genauer Roussillon. In unserem Fall ganz genau aus Collioure, wo er kurz vor der Grenze zu Spanien auf Terrassen hoch über dem Meer gedeiht.

TIPP

***Roastbeef als Begleitung zum Gratin:** Dafür würzt man das Roastbeef rundum kräftig mit Salz und Pfeffer und reibt das Stück fest mit Olivenöl ein. Das Fleisch in einer (möglichst unbeschichteten, weil sie sich stärker erhitzen lässt) Pfanne auf allen Seiten kurz, aber sehr kräftig anbraten. Nur so lange jeweils, bis sich eine Kruste bildet und sich das Fleisch widerstandslos vom Pfannenboden löst. Dann auf einen Rost über das fertige Gratin in den Ofen setzen. Jetzt die Hitze auf 100 °C herunterschalten und alles miteinander noch mindestens 30 Minuten ziehen lassen. Das Roastbeef ist perfekt, wenn es sich auf Fingerdruck genauso anfühlt wie Ihr Daumenballen.*

ZUTATEN

Für vier bis sechs Personen:

ca. 1 kg Pastinaken
Salz, Pfeffer
Muskat
ca. 1/8 l Brühe
50 g Butter
2 Fleischtomaten in Würfeln
eventuell 200 g Scamorza
(geräucherter Mozzarella)
Schnittlauch

Roastbeef:
1 kg Rinderlende (Roastbeef)
Salz, Pfeffer
2-3 EL Olivenöl

Duett von Wurzelcremesuppe

ZUTATEN

Für vier bis sechs Personen:

1 Zwiebel
2-3 EL Butter
ca. 800 g Wurzeln (z.B. weiße, gelbe oder rote Rüben, Sellerie, Rote Bete oder Topinambur – siehe auch Tipp)
150 g Kartoffeln
Salz, Pfeffer
Bockshornklee
eventuell ½ TL Thaicurrypaste
ca. ¾ l Brühe
200 ml Sahne
1 Spritzer Balsamico
Zitronensaft

Kräuter:
je nach Würze Koriandergrün, Petersilie, Schnittlauch

Petersilienöl:
1 kleine Handvoll Petersilienblätter
einige Krümel Salz
ca. 100 ml Olivenöl

Lässt sich im Prinzip aus allen unseren Wurzeln zubereiten, auch aus Topinambur. Sogar die Steckrüben werden so zu einem köstlichen, zarten Cremesüppchen, das in einem Menü für einen Hingucker sorgt.

1 Die Wurzeln schälen, würfeln und mit etwas Zwiebel andünsten. Die ebenfalls gewürfelten Kartoffeln zufügen, sie sollen für eine schöne, sämige Bindung sorgen. Salzen, pfeffern, das Bockshornkleepulver zufügen und kurz mitrösten. Mit Brühe auffüllen, die Wurzeln etwa 20 bis 30 Minuten absolut weich kochen. Mit dem Mixstab oder im Mixer glatt pürieren. Sahne zufügen und gut abschmecken.

2 Die Suppe in Suppentassen anrichten, mit Klecksen von Petersilienöl eine schöne und wohlschmeckende Dekoration zeichnen. Dafür die Blätter mit Salz und Öl pürieren – in einem Schraubglas hält sich das Öl einige Tage frisch.

GETRÄNK

Ein leichter Sherry, zum Beispiel ein Manzanilla oder ein heller Fino.

TIPP

Besonders hübsch: In einem zweiten Topf aus einer andersfarbigen Wurzel eine zweite Cremesuppe kochen. Diese dann so in den Teller/Tasse einfüllen, dass sie sich dekorativ vermischen. Zum Beispiel eine gelbe Cremesuppe von der gelben Rübe und eine rote von roten Möhren. Im Teller elegant ineinander fließen lassen und mit einem Löffel einen Wirbel zeichnen. Das zweite Süppchen eventuell anders würzen, zum Beispiel statt mit Bockshornklee mit etwas Thaicurrypaste.

Rübencurry mit Lamm

Steckrübenmus oder der berühmte Steckrübeneintopf: Gerichte, von denen unsere Großeltern erzählen, dass es in der schlechten Zeit das Einzige war, was man zu essen hatte. Sie klingen nicht gerade nach einer Delikatesse. Aber es kommt ja immer darauf an, wie man diese Dinge zubereitet. In den Notzeiten damals hatte man eben nicht die nötigen Zutaten, Gewürze, Butter oder gar Sahne, auch kein Fleisch, das für ein wenig zusätzliches Aroma sorgen konnte.

1 Die Steckrüben schälen, hartes Wurzelende entfernen, dann in zentimeterdünne Scheiben schneiden, diese in ebenfalls zentimeterdünne, etwa kleinfingerlange Stifte.

2 Das Lammfleisch in große (2-3 cm) Würfel schneiden, in einem flachen Schmortopf im heißen Olivenöl rasch rundum anbraten. Sobald alle Würfel rundum Bratspuren zeigen, Thaicurrypaste mitrösten, dann auch gehackten Ingwer, Knoblauch und Chili. Jetzt salzen und pfeffern. Nun die gewürfelte Zwiebel und die Rübenstäbchen zufügen.

3 Schließlich mit Kokossahne auffüllen. Etwa 45 Minuten leise schmurgeln lassen, bis die Rübchen weich sind und das Lammfleisch gar. Mit Zitronensaft, thailändischer Fischsauce und Zucker sehr kräftig abschmecken.

4 Vor dem Servieren reichlich Koriandergrün, eventuell auch Thaibasilikum unterrühren.

BEILAGE

Dazu passt entweder – ganz authentisch – thailändischer Duftreis, aber auch kleine Pellkartöffelchen, die in Petersilienbutter geschwenkt wurden.

GETRÄNK

Ein gehaltvoller, tief fruchtiger Rotwein, zum Beispiel ein Merlot, der immer öfter inzwischen auch bei uns in Deutschland angebaut wird. Wir haben uns diesmal für einen Württemberger entschieden, aus Heilbronn, vom Weingut Drautz-Able, der im Holzfass ausgebaut wurde.

ZUTATEN

Für vier bis sechs Personen:

ca. 800 g Steck- oder junge Futterrüben
1 kg ausgelöste Lammschulter
3 EL Olivenöl
1 TL Thaicurrypaste
je 1 EL fein gewürfelter Ingwer und Knoblauch, nach Belieben auch
1-2 frische Chilischoten
Salz, Pfeffer
1 Zwiebel
½ l Kokossahne
2 EL Zitronensaft
2 EL thailändische Fischsauce
1 gehäufter TL Zucker
reichlich Koriandergrün
und Thaibasilikum

Rüben- und Knollen-Chips

Sehen hübsch aus und schmecken super – ein lustiger Snack oder auch als Dekoration etwa zur Suppe.

1 Rüben oder Knollen schälen, in gleichmäßig dünne Scheiben hobeln und auf Küchenpapier gut abtrocknen. In kleinen Portionen in Olivenöl frittieren – jeweils nur kurz im heißen Öl schwimmen lassen, dann mit einer Schaumkelle herausheben und gut abtropfen.

2 Dies mindestens noch einmal, besser sogar zweimal wiederholen, damit sie schön knusprig werden.

ZUTATEN

Rote Bete, Sellerieknolle, Kartoffeln,
Rübchen jeglicher Art
Öl zum Frittieren
Salz

In Butter gedünstete Rübchen

Hierfür sollten die Rübchen nicht größer als Walnüsse sein, dann sind sie zart und in wenigen Minuten gar. Vor allem, wenn man eine Mischung zusammenstellt, eine ebenso pfiffige wie köstliche Beilage!

1 Die Rübchen sorgfältig schälen, den Stielansatz kappen, aber rundum auch schön putzen (dort sitzt oft noch Erde!). In einer passenden (nicht zu großen) Kasserolle in Butter andünsten, dabei sofort salzen und pfeffern und mit Zucker bestreuen, der ein wenig karamellisieren soll.

2 Dann bei kleiner Hitze sanft wenige Minuten dünsten, dabei immer wieder schwenken, damit alle Rübchen Bodenkontakt bekommen. Die Radieschen erst während der letzten zwei Minuten mitdünsten, sie verlieren sonst ihre schöne rote Farbe. Am Ende Schnittlauch untermischen und servieren.

BEILAGE

Ein Steak oder Schnitzel. Gut passen die Rübchen auch zum Sonntagsbraten, zum Beispiel einer Lammkeule.

ZUTATEN

Für vier Personen:

ca. 500 g gemischte kleine, junge Rübchen: Mairübchen, Teltower Rübchen, weiße Rübchen, Minimöhrchen und Radieschen
2 EL Butter
Salz, Pfeffer
1/2 TL Zucker
Schnittlauch

Wild

Ganz schön Wild!

Ein Festessen im Herbst

Herbst ist Wildsaison, auch, wenn man nur im Supermarkt oder beim Wildhändler auf die Pirsch geht. Weil sich viele aber nicht so recht an das nicht ganz so alltägliche Fleisch trauen, zeigen wir in diesem Kapitel, wie man mit dem feinen Fleisch aus dem Wald am besten umgeht. Hoffentlich enttäuschen wir niemanden, wenn wir verraten, dass es da so gar keinen Unterschied zu „normalem" Fleisch gibt. Ob wir eine Lamm- oder Rehkeule braten, ist im Prinzip egal, und ob das Steak vom Hirsch oder vom Kalb stammt, ist ebenso gleich. Als Faustregel lässt sich sagen: Das zarte Fleisch aus dem Rücken eignet sich zum Kurzbraten, die von Sehnen durchwachsenen Schultern werden am besten zu würzigem Ragout geschmort, und aus der Keule lässt sich ein fabelhafter Braten herstellen.

Zahmes oder wildes Wild?

Was wie ein Widerspruch klingt, ist keiner. Fast die Hälfte des in Deutschland verkauften Wilds stammt gar nicht aus dem Wald, wo der grün gekleidete Jägersmann es von seinem Hochsitz aus erlegt, sondern kommt aus sogenannter Gatterhaltung. Meist aus Neuseeland, wo man in riesigen umzäunten Waldgehegen das Wild wie auf einer Farm hält und die Tiere in dort errichteten Schlachtbetrieben auch erlegt, beschaut und verarbeitet. Das entbehrt zwar der Jägerromantik, garantiert aber eine fabelhafte Fleischqualität und perfekte Hygiene bis zur Verpackung. So stammt vor allem das Wild, das bei uns in der Gastronomie verarbeitet wird, zum Großteil aus dieser neuseeländischen dear-industrie, bei Hirschfleisch sind es fast 80 Prozent. Viele Wirte bevorzugen dieses Fleisch, weil es nach strengen Richtlinien be-

schaut wird, also tierärztlichen Stichproben unterworfen ist, während das Wild, das in unseren Wäldern erlegt wird, nur dem Augenschein des Jägers unterliegt. Der ist zwar zunehmend besser ausgebildet, und auch er muss seine Vorschriften korrekt einhalten – aber man kann Pech haben und ein Stück Fleisch erwischen, das nicht vorschriftsmäßig behandelt wurde und deshalb mit Keimen und Bakterien belastet ist. Und so ist es immer besser, das Fleisch beim Fachmann, also beim vertrauenswürdigen Wildhändler, einzukaufen, der weiß, woher die Ware stammt, die er anbietet, statt einfach in die Tiefkühltruhe im Supermarkt zu greifen. Auch hier ist übrigens ein zu billiger Preis oftmals ein Indiz, dass die Qualität eher fragwürdig ist.

Die verschiedenen Garmethoden

Das kurzfaserige Fleisch aus dem Rücken, egal, ob vom Reh, Hirsch, Frischling (dem jungen Wildschwein) oder auch vom Hasen, ist so zart wie jedes andere Filet. Deshalb kann man es auch genauso zubereiten: scharf und kurz anbraten und dann behutsam nachziehen lassen, bis das Fleisch durch und durch rosa ist – natürlich nicht blutig, aber auch nicht durchgebraten.

Sehnenreiche Teile wie Schultern, auch die Keulen kleinerer Tiere (zum Beispiel Hasen) oder großer Tiere (zum Beispiel Wildschwein) werden am besten geschmort. Weil Fleisch immer am besten schmeckt, wenn es am Knochen gegart wurde, der es saftig hält und dabei Geschmack und Aroma verleiht, sollte man die Stücke im Ganzen anbraten und dann langsam bei milder Hitze gar schmoren. Zum Servieren löst man das Fleisch dann am besten vom Knochen, schneidet es in Würfel und wärmt es in der fertiggestellten Sauce noch einmal auf, um es dann an den Tisch zu bringen.

Die Keule eines jungen Rehs (vom Kitz oder vom einjährigen Schmaltier) oder eines Frischlings (dem ganz jungen, höchstens zehn Monate alten Wildschwein) kann man wunderbar nach der traditionellen Niedertemperatur-Methode (siehe dazu auch Seite 60) braten: Zuerst bei größter Hitze anbraten, dann in der nachlassenden Hitze und am Ende bei nur 100 bis 120 °C nach- und durchziehen lassen, bis das Fleisch durch, aber noch immer rosa ist.

Beizen oder nicht?

In alten Rezepten wird es stets empfohlen: Das Fleisch in eine Rotweinbeize zu legen, in Buttermilch zu marinieren oder auf irgendeine andere Weise vorzubehandeln, bevor man es zubereitet. Dieser Punkt wird oft wie eine Glaubensfrage behandelt. Viele schwören darauf, Wild zu beizen, während andere das als völlig altmodisch ablehnen. Wie so oft, liegt auch hier das Ideal in der salomonischen Mitte: Junges Wild ist zart und bedarf deshalb keinerlei Beize, die ja dafür sorgen soll, das Fleisch mürbe zu machen. Auch ist es im Geschmack noch nicht so ausgeprägt, so „wild“, wie das Fleisch von ausgewachsenen Tieren und muss daher nicht „besänftigt“ werden. Dem festeren, herzhafteren Fleisch einer großen Wildsau allerdings tut es durchaus gut, wenn man es beizt, weil durch die Säure der Beize die Fleischfasern mürber werden und das Fleisch nach dem Schmoren zarter auf der Zunge zergeht. Auch kann man den ausgeprägten Wildgeschmack auf diese Weise mildern beziehungsweise ihm überhaupt eine neue Dimension verleihen.

Die passenden Gewürze

Der typische Wildgeschmack verträgt starke Gewürze. Klassischerweise gehören Wald- und Felddüfte zu Wild, also die Aromen, mit denen die Tiere aufgewachsen sind: beispielsweise Wacholder, Lorbeer, Wildkräuter, Waldbeeren, mit denen man ruhig großzügig umgehen darf. Wir bereiten eine Gewürzmischung zu, die man ruhig auf Vorrat herstellen kann – sie hält sich im Schraubglas (vor allem, wenn es lichtgeschützt aufbewahrt wird) eine Weile und man kann damit auch andere herzhafte Gerichte würzen.

Unser Wildgewürz

Wenn man mit dieser Mischung das Fleisch beizen beziehungsweise marinieren will, ist es wichtig, dass kein Salz dabei ist – Salz entzieht dem Fleisch Wasser, dadurch wird es trocken und hart. Deshalb das Salz erst kurz bevor das Fleisch zubereitet wird, zufügen, unmittelbar vor oder sogar erst nach dem Anbraten.

Die Gewürzkörner, Kümmel, Selleriesamen, die aus ihrer Kapsel gelösten Kardamomsamen und die entkernten Chilis in einer trockenen Pfanne rösten, bis sie springen und zu duften beginnen. Dann mit den zerzupften Lorbeerblättern, den abgestreiften Thymianblättchen und dem Zucker im elektrischen Zerhacker pulverisieren. Diese Würzmischung in einem Schraubglas dunkel aufbewahren.

ZUTATEN

Für ca. 150 g:

Je 2 EL weiße und schwarze Pfefferkörner
1 EL Wacholderbeeren
1 EL Senfsamen
1 EL Korianderkörner
1 EL Kümmel
1 TL Selleriesamen
5 Kardamomkapseln
2-3 getrocknete Chilischoten
2 Lorbeerblätter
2 Thymianzweige
1 gehäufter EL brauner Rohrzucker

Der passende Wein

Zum Kochen nimmt man einen eher milden Rotwein, etwa einen Spätburgunder aus der Pfalz oder einen süffigen Marzemino aus dem Trentino, der mit seiner Frucht eine schöne Sauce ergibt. Dann serviert man entweder denselben Wein auch zum Essen oder man legt eins drauf, weil es ein Festessen sein soll, und nimmt stattdessen einen kräftigeren Roten: Es passen sowohl die Klassiker – Burgunder wie Côtes-du-Rhone, Châteuneuf-du-Pape oder Bordeaux, Barolo oder Barbaresco, Chianti oder Brunello di Montalcino, Rioja oder Priorato –, aber ebenso die modernen Weine aus allen Regionen der Welt, Chile oder Kalifornien, Neuseeland oder Australien, Südafrika oder den erst in den letzten Jahren zu Weltruf gekommenen mediterranen Gebieten, etwa die Maremma, Apulien, Dalmatien oder Mallorca.

Medaillons mit Rotweinschalotten

Ein feines schnelles Essen für zwei oder drei Personen. Je nachdem, ob man die Steaks vom Hirschkalb oder vom Reh nimmt, rechnet man eine bis zu drei Scheiben (etwa zweifingerdick) pro Portion. Und wenn man die Scheiben aus dem echten Filet schneidet, können es sogar drei bis vier dünnere Scheibchen pro Person sein, insgesamt etwa 150 g.

ZUTATEN

Für zwei bis drei Personen:

ca. 3-6 Hirschkalbsteaks
1 EL Wildgewürzmischung (siehe S. 163)
3 EL Olivenöl
Salz
200 g Schalotten
3 EL Butter
1 EL Zucker
abgeriebene Orangenschale
1/4 l Rotwein
1-2 EL Rotweinessig
1 EL Balsamicoessig

TIPP

Wildsteaks: Aus dem ausgelösten Rückenstrang schneidet man schöne dicke Steaks – die man, wenn sie nur handtellergroß sind, ihrer kleineren Form wegen auch Medaillons nennt. Man kann sie wie Kalbssteaks braten, also schön rosa – oder auch schnetzeln und rasch pfannenrühren.

1 Die Steaks auf der Arbeitsfläche in Form drücken, dabei glatt streichen und mit der Würzmischung gut einreiben. In einer Pfanne das Öl stark erhitzen und die Steaks darin nebeneinander rasch anbraten. Sobald sich die Unterseite leicht vom Pfannenboden lösen lässt und sie schön gebräunt ist, wenden und die andere Seite braten. Jetzt die Steaks salzen und sofort aus der Pfanne nehmen, sobald die andere Seite ebenfalls appetitlich braun ist. Damit dies auch wirklich schnell genug passiert, die Hitze hoch halten – dass es dabei spritzt, lässt sich nicht vermeiden. Um zu verhindern, dass alles von Fett bespritzt wird, einen Spritzschutz oder ein Blatt Küchenpapier über die Pfanne breiten.

2 Die angebratenen Steaks sind jetzt natürlich noch nicht gar! Auf einen vorgewärmten Teller betten, mit einem zweiten Teller zudecken und in den 80 °C warmen Backofen stellen – mindestens für zehn Minuten, bis das Fleisch schön durchgezogen ist und sich die Säfte wieder verteilt haben. Ruhig auch länger, bis die Rotweinschalotten fertig sind:

3 Dafür die Schalotten pellen, kleine Exemplare ruhig ganz lassen, größere längs halbieren oder sogar vierteln. Im Bratfett die Hälfte der Butter schmelzen, die Schalotten zufügen und sanft weichschmurgeln lassen. Dabei mit Salz, nach etwa fünf Minuten auch mit Zucker und abgeriebener Orangenschale würzen. Erst dann nach und nach den Rotwein angießen, immer wieder verkochen lassen, damit die Sauce dicklich einkocht. Rotweinessig und Balsamico angießen und ebenso verkochen lassen. Am Ende die restliche Butter unterschwenken und noch einmal abschmecken.

4 Zum Servieren die Steaks auf vorgewärmten Tellern oder einer Platte anrichten, mit der Sauce überziehen und die Schalotten dekorativ auf und neben dem Fleisch verteilen. Zum Schluss mit Schnittlauchröllchen bestreuen.

BEILAGE

Weißbrot oder cremige Polenta (siehe Seite 166)

Hirschfilet aus dem Wok

... das liegt gar nicht so fern – auch in Asien liebt man Wild. Und natürlich werden die zarten Fleischstücke dort im Wok umhergewirbelt. In der chinesischen Küche zum Beispiel so:

1 Das Fleisch in feine Scheibchen, diese in zweifingerbreite Streifen schneiden. Mit Sojasauce, Sherry (oder Reiswein) und Sesamöl einreiben und 15 bis 20 Minuten marinieren. In der Zwischenzeit die übrigen Vorbereitungen erledigen: Die Pilze mit kochendem Wasser bedecken und einweichen. Den Weißkohl von dicken Strünken säubern und in knapp zweifingerbreite Streifen schneiden. Ingwer, Knoblauch und Chili winzig fein würfeln. Paprika in halbzentimeterschmale Streifen schneiden. Am Ende das Fleisch mit der Stärke überpudern und diese gut einreiben.

2 Im Wok beide Ölsorten stark erhitzen. Zunächst das Fleisch zufügen und unter Rühren braten, dabei sofort mit Salz und Pfeffer würzen, aber sparsam! Dann Ingwer, Knoblauch und Chili dazugeben, nach zweimaligem Wenden auch den Weißkohl, die abgetropften Pilze und schließlich den Paprika. Unter schnellem Rühren braten, jeweils immer ein paar Körnchen Salz (nicht nur für die Würze – auch für die Farbe, die dadurch stabilisiert wird) zufügen. Anschließend den Zucker über alles streuen und karamellisieren lassen. Mit Brühe oder einem guten Schuss Pilzeinweichwasser ablöschen. Sojasauce angießen, nochmals gründlich rührend aufkochen lassen und sofort servieren. Vor dem Auftragen frisches Koriandergrün zerzupfen und darüberstreuen.

BEILAGE

Duftender, körniger Reis.

ZUTATEN

Für vier Personen:

400 g Hirschfilet oder ausgelöster Rücken
1 EL Sojasauce
1 EL Sherry oder Reiswein
1 TL Sesamöl
1 kleine Handvoll getrocknete chinesische Morcheln
1/2 kleiner Weißkohlkopf
1 Stück Ingwerwurzel (ca. 3 cm)
2-3 Knoblauchzehen
1-2 grüne oder rote Chilischoten
1/2 rote Paprikaschote
1 EL Speisestärke
2 EL neutrales Öl
1 EL Sesamöl
Salz, Pfeffer
1/2 EL Zucker
2-3 EL Brühe
1 EL Sojasauce
Koriandergrün

Rehpfeffer

Das ist das Lieblingsgericht für alle, die Saucen lieben, denn die ist bei einem solchen Ragout das Beste! Und weil Fleisch an seinem Knochen gegart am besten schmeckt, sollte man es auf keinen Fall vorher auslösen. Hinzu kommt, dass gegartes Fleisch leichter zu entbeinen ist. Und von fertig geschnittenem Wildgulasch möchten wir ohnehin abraten, denn darin verstecken sich nur zu oft Qualitäten, die wir nicht gerne auf den Teller bringen ... Es empfiehlt sich, den Rehpfeffer bereits am Vortag oder wenigstens am Morgen des Festtags anzusetzen. Dann kann man das Fleisch in aller Ruhe abkühlen lassen und sorgsam von den Knochen lösen und in der Zwischenzeit die Sauce fertigstellen. Dann muss man vor dem Servieren das Fleisch darin nur wieder behutsam erwärmen. Entspannter kann man es als Gastgeber nicht haben!

ZUTATEN

Für sechs Personen:

1-2 Rehschultern (insgesamt ca. 1,5 kg Fleisch mit Knochen)
2 gehäufte EL Wildgewürzmischung (siehe S. 163)
100 g fetter Speck (am besten nicht oder nur sehr schwach geräuchert, sonst dominiert der Räuchergeschmack zu sehr)
1-2 EL Öl
Salz
1 Möhre
1 Stück Sellerie
1/2 Lauchstange
etwas Petersilienwurzel
2 Sternanis
2 Gewürznelken
1 gehäufter EL Johannisbeergelee
1 EL Tomatenmark
1/2 l Rotwein (ein fruchtiger, junger Spätburgunder)

1 Die Rehschultern, wenn sie nicht bequem in den Schmortopf passen, im Gelenk in Stücke schneiden (oder vom Wildhändler schneiden lassen – übrigens noch ein Vorteil, wenn man beim Fachmann einkauft!). Dann die Stücke gründlich mit der Gewürzmischung einreiben und durchziehen lassen.

2 Im Schmortopf den fein gewürfelten Speck ausbraten, dabei etwas Öl zufügen, damit der Speck nicht verbrennt. Die Fleischteile im ausgelassenen Fett von allen Seiten anbraten. Sie sollen rundum appetitlich bräunen – das dauert übrigens seine Zeit! Anschließend salzen, herausheben und beiseite stellen.

TIPP

Etwa ein Drittel des Schmorgemüses vor dem Mixen herausfischen und dann nur so viel der Sauce zufügen, bis die richtige Konsistenz erreicht ist.

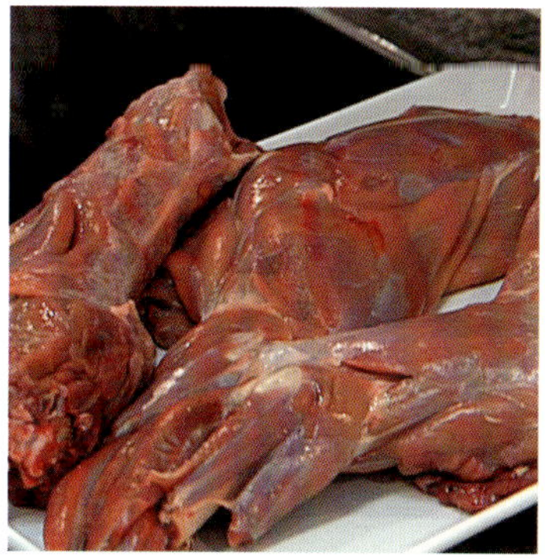

3 Die sehr fein gewürfelten Wurzelgemüse anrösten; dabei die Hitze so regulieren, dass das Gemüse schön brutzelt und gart, aber nicht zu dunkel bräunt. Sternanis und Nelken zufügen (am besten in ein Mullsäckchen gewickelt oder in einem Tee-Ei, damit man sie später leichter herausfischen kann). Schließlich das Gelee und das Tomatenmark dazugeben und mitrösten. Mit dem Rotwein ablöschen. Die Fleischteile wieder in den Topf betten, das Ganze nochmals zum Kochen bringen und jetzt den Deckel auflegen. Nun bei kleiner Hitze oder bei 125 °C im Backofen (Ober- und Unterhitze) etwa eineinhalb bis zwei Stunden schmoren. Abkühlen lassen.

4 Das Fleisch schließlich von den Knochen lösen und in mundgerechte Würfel schneiden. Das Gewürzsäckchen aus dem Bratenfond fischen und wegwerfen. Den Fond mit dem Pürierstab glatt mixen und gut abschmecken. Die Fleischwürfel darin erwärmen und vor dem Servieren fein geschnittenes Selleriegrün unterrühren.

BEILAGE

Es passt alles, was gut die herrliche Sauce aufnimmt – Kartoffelpüree, Spätzle oder andere Nudeln. Oder eine cremige Polenta (siehe nächste Seite).

GETRÄNK

Der Wein, mit dem gekocht wurde (siehe Weintipps Seite 163).

Cremige Polenta

Wem die üblichen Polentaschnitten zu fest, zu mächtig, zu derb sind, der freut sich vielleicht über diese Art, Maisgrieß zuzubereiten.

Den Grieß in die leise kochende Brühe streuen, dabei rühren und abwarten, bis nach einigen Minuten ein nicht zu dicker Brei entstanden ist. Leise blubbernd ausquellen lassen, dabei immer wieder rühren. Die Polenta ist nach etwa zehn Minuten gar. Butter und Käse einrühren und mit Muskat würzen.

ZUTATEN

Für sechs Personen:

125 g Polentagrieß
ca. 1 l leichte Geflügel- oder Gemüsebrühe
ca. 30 g Butter
2-3 EL geriebener Käse
Muskat

TIPP

Die Polenta lässt sich übrigens prima aufwärmen – man kann sie also ruhig schon am Nachmittag kochen und am Abend auf milder Hitze unter gelegentlichem Rühren wieder erwärmen. Eventuell mit einem Schuss zusätzlicher Brühe verdünnen: Sie sollte die Konsistenz eines zarten Kartoffelpürees haben.

Geschmorte Ofenfrüchte

Ein herrliches Herbstdessert! Und so einfach und schnell gemacht: Äpfel, Birnen, Trockenzwetschgen und Orangen werden mit Zucker und Wein im Ofen geschmort. Unbedingt am Vortag zubereiten, damit alles schön durchziehen und abkühlen kann. Wer's üppig mag, serviert dazu halbsteif geschlagene Sahne…

Birnen und Äpfel schälen, aber ganz lassen, auch den Stiel möglichst nicht entfernen. Die Orangen mit Schale in dünne Scheiben schneiden und eine feuerfeste, tiefe Form damit auslegen. Die geschälten Früchte längs halbieren und mit den Trockenpflaumen dicht an dicht auf den Orangenscheiben verteilen. Mit dem Zucker bestreuen und dann den Rotwein angießen. In den auf 180 °C vorgeheizten Backofen schieben und eine Stunde lang schmurgeln lassen. Abkühlen, über Nacht kalt stellen. In der Form zu Tisch bringen.

BEILAGE

Dazu halbsteif geschlagene Sahne reichen.

ZUTATEN

Für sechs Personen:

3 Birnen
3 Äpfel
3 Orangen (ungespritzt!)
150 g Trockenpflaumen
100 g Zucker
1/2 l Rotwein
1/4 l süße Sahne
1 TL Vanillezucker

Frischlingskeule mit Kastanien und Rotkraut

Wildschwein ist sicher nicht jedermanns Sache, aber das Fleisch eines Frischlings, vergleichbar etwa mit einem Spanferkel, hat noch nicht den ausgeprägten, typischen Geschmack und ist auch wunderbar zart. Die Keule ergibt einen schönen Festtagsbraten.

1 Die Keule mit Wildgewürz und Olivenöl gut einreiben und eine Stunde marinieren lassen. Erst dann salzen, in einen Bräter setzen und in den auf heißeste Stufe vorgeheizten Ofen schieben. Nach etwa 30 Minuten, wenn das Bratenstück rundum brutzelt und schön gebräunt ist, die gewürfelte Zwiebel, den zerdrückten Knoblauch und das Wurzelgemüse drum herum verteilen und weitere zehn Minuten lang braten. Dabei jedoch die Hitze bereits auf 150 °C (Ober- und Unterhitze; Heißluft 130 °C) herunterschalten. Erst wenn das Gemüse gebräunt und weich ist, mit Wein ablöschen. Die Keule in der nachlassenden Hitze etwa 90 Minuten gar schmurgeln lassen, dabei darauf achten, dass das Gemüse immer in ausreichender Feuchtigkeit liegt und nicht verbrennt – eventuell einen guten Schuss Wasser angießen. Für die letzte halbe Stunde die Ofentemperatur auf 110 °C (Ober- und Unterhitze; Heißluft 90 °C) herunterschalten.

2 Am Ende den Bratenfond mitsamt dem Wurzelgemüse in eine Kasserolle umfüllen (eventuell einen Teil zurückbehalten, um nachher die Konsistenz zu regulieren), aufkochen und mit dem Pürierstab glatt mixen. Dabei die Butter in Flöckchen einarbeiten, bis die Sauce glänzt – wenn nötig mit einem Schuss Brühe verdünnen. Gut abschmecken, nach Gusto mit einem guten Schuss Balsamico, und getrennt zum Braten servieren.

3 Servieren: Die Keule am besten erst am Tisch tranchieren, damit die Gäste zuschauen können. Es ist übrigens gar nicht schwer: Die Keule am Knochen fassen, mit einem großen Messer die dicke, also gewölbte Seite vom Gelenkknochen aus waagrecht abschneiden – dieses Stück lässt sich jetzt wunderbar senkrecht, also quer zum Faserverlauf, in dünne Scheiben aufschneiden. Die andere Seite ebenso parallel zum Knochen abtrennen und genauso dünn aufschneiden.

4 Verwendet man für die geschmorten Kastanien frische Früchte, müssen diese zunächst einmal vorbereitet werden: Die Kastanien kreuzweise einritzen, auf einem Blech ausbreiten und im Backofen (am besten über dem Braten, nachdem die Hitze gerade heruntergeschaltet wurde) eine halbe Stunde backen, bis sie weich sind. Kastanien dann aus der Schale pellen, auch die innere dünne Haut ablösen. Vor dem Servieren werden die Kastanien dann geschmort: Die Schalotten oder Zwiebel fein würfeln und in der Butter andünsten. Zerdrückten Knoblauch zufügen. Schließlich auch die frischen oder die Kastanien aus der Vakuumverpackung, ebenso das Gelee. Den Topf gründlich rütteln, damit sich alles gut mischt. Zugedeckt einige Minuten schmurgeln lassen. Vor dem Anrichten großzügig in feine Streifen geschnittene Minze unterrühren.

5 Den Rotkohl in feine Streifen schneiden und dabei die dicken Strünke entfernen. In einem breiten Topf das Schmalz erhitzen und die fein gewürfelte Zwiebel darin andünsten. Knoblauch fein würfeln und zufügen. Alles mit Zucker bestreuen und ihn karamellisieren lassen – bevor er zu dunkel wird, mit Essig ablöschen. Den Kohl in den Topf geben und gründlich in diesem Ansatz wenden, bis er sich überall hellrot gefärbt hat. Jetzt die Hitze reduzieren, einen Schuss Brühe angießen, mit Wildgewürz und Salz würzen und zugedeckt bei kleiner Hitze etwa 15 Minuten gar schmurgeln lassen.

BEILAGE

Ebenfalls cremige Polenta oder auch Spätzle!

ZUTATEN

Für sechs bis acht Personen:

1 Frischlingskeule (knapp 2 kg)
2 gehäufte EL Wildgewürzmischung (siehe S. 163)
2-3 EL Olivenöl
Salz
1 große Zwiebel
2-3 Knoblauchzehen
2 Tassen fein gewürfeltes Wurzelgemüse (Möhre, Sellerie, Petersilienwurzel)
$^1/_4$ l Rotwein
50 g Butter

Geschmorte Kastanien:
1 kg Kastanien oder 1 Paket gekochte Kastanien (vakuumverpackt)
2 Schalotten oder 1 rote Zwiebel
2 EL Butter
1 Knoblauchzehe
eventuell 1 Chilischote
1 gehäufter EL Quitten- oder Apfelgelee
Frische Minze

Gedünstetes Rotkraut:
1 Kopf Rotkohl (ca. 800 g)
2 El Schweineschmalz
1 Zwiebel
1 Knoblauchzehe
1 EL Zucker
2 EL Essig
1 gehäufter EL Wildgewürzmischung (siehe S. 163)
Salz
etwas Brühe
2 EL Balsamicoessig

Käsefondue

Käsefondue:

Ein geselliges Essen mit Freunden

Auf dem Tisch brodelt über einem Rechaud eine duftende, würzige Käsecreme, und die Gäste versuchen mit Brotwürfeln, die auf lange Gabeln gespießt sind, möglichst viel von der Käsecreme zu erwischen. Großes Hallo, natürlich, wenn der Brotwürfel in den Untiefen des Topfes verloren geht... denn das kostet eine Runde für alle – oder von den Damen einen Kuss an alle Herren. So hält man es jedenfalls in der Skihütte in der Schweiz, wo am Abend gerne Käsefondue serviert wird.

Wir finden, es ist auch im Flachland ein wunderbar geselliges Essen. Gerade im Herbst oder Winter, wenn die Abende lang sind und man sich gern mit Freunden um den Tisch versammelt. Und das Schöne daran: Als Gastgeber hat man nicht viel Mühe damit! Die Käsecreme ist schnell gemacht, auch die anderen Zutaten sind problemlos zu beschaffen und hinterher gibt's kaum Abwasch.

Das klassische Fondue

1 Den Käse reiben (oder bereits vom Käsehändler reiben lassen), dann in einer Schüssel mit Weißwein bedecken und zwei Stunden ziehen lassen.

2 Den Knoblauch schälen und zerdrücken, den Caquelon/Topf damit ausreiben – wer intensiveren Knoblauchduft nicht scheut, kann den Knoblauch auch sehr fein reiben und unter die Käsemasse mischen. Die Speisestärke mit dem Obstschnaps verquirlen.

3 Den Käse mitsamt dem Wein und Zitronensaft in den Caquelon/Topf füllen und bei milder Hitze unter ständigem Rühren schmelzen. Erst dann die angerührte Stärke dazugeben. Einige Minuten ganz leise köcheln lassen, weiterhin unentwegt rühren, bis die Käsecreme sämig ist.

4 Mit Pfeffer, Cayennepfeffer, Muskat, nach Belieben auch mit Kardamom und Nelkenpulver würzen. Vermutlich ist kein Salz nötig – der Käse bringt davon genug.

5 Käsecreme leise brodelnd zu Tisch bringen und dort auf einem Rechaud heiß halten. Das Brot in 2-3 cm große Würfel schneiden und in einem Korb dazustellen.

ZUTATEN

Für vier bis sechs Personen:

1 kg frisch geriebener Käse (mindestens zwei Sorten: ein kräftiger Gruyère etwa und ein milderer Raclettekäse, z. B. Freiburger Vacherin; besser sogar noch eine dritte und vierte Käsesorte, ein würziger Emmentaler und ein Appenzeller)
ca. 400 ml Weißwein (siehe Weintipp S. 179)
1-2 Knoblauchzehen
2 gehäufte TL Speisestärke
4 cl Kirschwasser (oder ein anderer Obstschnaps, aus Apfel, Zwetschge, Pflaume, Mirabelle)
1 EL Zitronensaft
Pfeffer
Muskat
eventuell Cayennepfeffer, Kardamom, ein Hauch Nelkenpulver

Außerdem:
ca. 1 kg Brot: italienisches Weißbrot, Mischbrot, Graubrot, Schwarzbrot (ruhig auch verschiedene Sorten)

Die Käsesorten

Fondue gilt heute als Schweizer Nationalgericht. Dabei hat man früher praktisch überall in den Alpen, wo Käse produziert wurde, diesen über dem Feuer geschmolzen und mit Brot verspeist. Die Schweizer haben daraus jedenfalls ein geselliges Essen gemacht, und so denkt man natürlich zunächst an Schweizer Käse als Grundzutat.

In jedem Fall nimmt man stets eine Mischung veschiedener Käsesorten, wobei es dem persönlichen Geschmack überlassen bleibt, ob man mehr milde oder eher kräftigere – rezente, wie man in der Schweiz sagt – Käse verwendet. Als Faustregel gilt: Je länger ein Käse gereift ist, umso geschmacksintensiver ist er. Denn er verliert beim Lagern Wasser, sodass sich sein Aroma konzentriert. Ganz junger Käse ist weniger geeignet, weil er nicht zu einer homogenen Masse schmilzt, sondern bröckelig wird. Und zu alter Käse könnte zu intensiv sein.

Man sollte auf alle Fälle darauf achten, dass es ein Rohmilchkäse ist, aus einer handwerklich arbeitenden Molkerei und nicht aus der großen Fabrik. Dann schmeckt der Käse nicht nur besser, es stecken in ihm auch alle wichtigen Enzyme und Mineralien, die ihn zu einem wertvollen Lebensmittel machen.

Das klassische Grundrezept für Käsefondue verlangt den kräftigen Gruyère und den eher milden Vacherin. Aber man kann ebenso gut Emmentaler, Raclettekäse, Appenzeller, Tilsiter und Sbrinz wählen – das heißt: Fondue wird immer mit Hartkäse zubereitet. Weichkäse, wie Gorgonzola oder Camembert, verwendet man nur in kleinen Mengen, sozusagen als Gewürz.

Ganz schön gehaltvoll!

Die körperlich schwer arbeitenden Senner konnten natürlich ein so gehaltvolles Essen wie Käsefondue leicht wegstecken, unsereins sollte es sich eher nur als Ausnahmemahlzeit ab und zu gönnen. Denn Käse bringt eine Menge Energie: 100 g Gruyère beispielsweise haben 395 Kalorien – mit nur einer einzigen Normalportion Käsefondue (200 g Käse pro Person) ist also bereits fast der halbe Tagesbedarf gedeckt, ohne dass die nötigen Beilagen, etwa Brot, Kartoffeln,

ein Gläschen Kirsch oder gar der Wein, schon mit dazugerechnet wären... Dafür hat man allerdings den täglichen Gesamtbedarf an Calcium intus. Denn im Käse stecken zudem wertvolle Inhaltsstoffe, neben Calcium auch Kalium, Phosphor, Eisen, Magnesium, darüber hinaus viel Eiweiß und eben auch eine Menge Fett.

Die Beilagen

Klassisch ist das Brot, in mundgerechte Würfel geschnitten, das man auf lange Gabeln spießt und in die Käsecreme taucht, um möglichst viel davon aufzutunken. Das Brot sollte nicht zu frisch sein, damit die Krume fest genug ist. Es kann, muss aber nicht Weißbrot sein. Auch Misch-, Grau- oder sogar Schwarzbrot sind bestens geeignet. Gut auch: getoastetes Brot!

Aber man kann natürlich auch jede Menge anderer Beilagen dafür vorsehen. Besonders gut passen:

- kleine Pellkartoffeln
- Birnen- oder Apfelschnitze, eventuell sogar mit hauchdünnen Speckscheiben umwickelt. Und natürlich immer in Zitronensaft gewendet, damit die Stücke schön hell bleiben.
- Blumenkohl- oder Brokkoliröschen, bissfest blanchiert
- Möhrenstäbchen, Selleriestifte oder Paprikastreifen (dekorativ in allen Farben!), Frühlingszwiebeln. Das rohe, frische Gemüse macht die Käsecreme besser verdaulich!
- Ananasstücke (die mit ihren Enzymen ebenfalls verdauungsfördernd wirken)
- rohe Champignons
- geröstete Zwiebelringe und eingelegtes Gemüse: Cornichons, Senfgurken, Maiskölbchen, eingelegte Rote Bete oder Kürbis

Der Caquelon: der Fonduetopf

Das traditionelle Kochgeschirr für ein solches Fondue ist ein flacher, breiter irdener Topf mit Stiel. In ihm wird auf dem (Gas-)Herd die Käsemasse vorbereitet und anschließend auf einem Rechaud auf dem Tisch am Köcheln gehalten. Allerdings funktioniert dies nicht beim üblichen Elektroherd, auf dem man nicht mit irdenem Geschirr kochen kann. Wir haben einen solchen Topf aus emailliertem Gusseisen, es ist ein ganz normaler Schmortopf, der zufällig aussieht wie eine Schweizer Kachel (Caquelon). Man kann jedoch jede andere Kasserolle nehmen, die möglichst weit ist, damit sie den Gabeln der Tischgenossen genügend Platz bietet. Als Rechaud eignet sich auch ein kleiner Gaskocher, sogar ein Stövchen mit Kerzenlicht tut es, wenn man die Käsecreme in einem Metalltopf auf dem Herd vorgekocht hat, der dann genügend Hitze speichert.

Tipps zum Kochen

Wenn die Käsecreme zu dünn ist, kann man entweder noch etwas Käse zugeben oder sie mit Stärkemehl andicken: die Stärke in einem Gläschen mit Kirschwasser oder Wasser verquirlen und dann unter Rühren zur Creme geben.

Sollte die Käsecreme gerinnen, das heißt, sich das Fett absetzen, lässt sie sich mit ein, zwei Esslöffeln Zitronensaft retten, die mit einem Teelöffel Stärke und einem Gläschen Kirschwasser verquirlt werden. In die Käsecreme rühren, leise köcheln lassen, bis sich alles wieder vermischt und verbunden hat.

Zu dick geratene Käsecreme kann man einfach mit einem Schuss Weißwein verdünnen.

Allerdings: Das Fondue wirkt während des Kochens anfangs oft zu dick oder zu dünn! Deshalb sollte man nach dem vollständigen Verschmelzen am besten weitere zwei Minuten warten, bevor man zusätzliche Rettungsmaßnahmen trifft.

Die Spielregeln

Man taucht seinen Brotwürfel in die brodelnde Creme und dreht ihn beim Herausnehmen sorgfältig, damit sich keine Fäden mit den Gabeln der Mitesser verheddern. Die Strafe für denjenigen, der sein Brot im Fonduetopf verliert, wird vorher ausgehandelt. Im Allgemeinen kostet es einen Kuss – aber was tun, wenn das keine Strafe ist?

Der Wein und andere Getränke

Die Schweizer trinken zum Fondue gern Tee, meist Kräutertee, weil das bekömmlicher sein soll als Wein. Es mag ja sein, dass manch milder, säurearmer Weißwein – traditionell gehört ein Fendant aus dem Wallis dazu – es nur schwer schafft, den gehaltvollen Käse aufzuschließen. Mit einem rassigen Riesling, aber auch mit einem herzhaften Weißburgunder von der Nahe oder aus der Pfalz wird man das Problem kaum haben. Vielleicht nimmt man aber in der Schweiz gern den Tee, weil man dann mehr vom Pflümli oder Kirsch dazu trinken kann? Auch Wodka oder Kümmelbrand, Linie-Aquavit oder Aquavit mit Dill passen übrigens dazu. Das hat nichts mit Alkohol-Missbrauch zu tun! Denn tatsächlich löst ein Schnaps das Eiweiß und Fett vom Käse auf und macht ihn besser bekömmlich. Wir empfehlen aber auch: Apfelwein oder – für die Kinder – Apfelsaft. Übrigens kann man die Käsecreme statt mit Weißwein auch mit Apfelwein ansetzen und mit Apfelschnitzen aufnehmen – wie man es in der Ostschweiz gerne tut. Oder sogar mit Rotwein, was zwar nicht so schön aussieht, in letzter Zeit aber immer mehr in Mode gekommen ist.

Ofenfondue

ZUTATEN

Für zwei bis drei Personen:

800 g mehlige,
am Vortag gekochte Kartoffeln
2-3 säuerliche Äpfel
(Boskoop, Elstar, Rubinette)
Salz, Pfeffer
1-2 EL Kümmel
1 gehäufter EL getrockneter Majoran
400 g geraffelter Käse
200 g durchwachsener Speck in
dünnen Scheiben

Für alle, die keine Lust haben, sich einen Topf mit passendem Rechaud zu besorgen, aber trotzdem gerne geschmolzenen Käse essen möchten: ein Rezept von unserem Zuschauer Rüdiger.

Die Kartoffeln pellen, längs in Spalten schneiden. Die Äpfel schälen, vierteln, vom Kerngehäuse befreien und ebenfalls in Schnitze schneiden. In einer Gratinform verteilen, dabei mit Salz (sparsam), Pfeffer (großzügig), Kümmel und zwischen den Fingerspitzen zerrebbeltem Majoran würzen. Zum Schluss den Käse darauf verteilen und schließlich alles mit den dünnen Speckscheiben belegen. Das Ganze bei 200 °C Umluft (230 °C Ober- und Unterhitze) ca. 20 Minuten backen, bis die Speckscheiben knusprig sind.

BEILAGE

Dazu unbedingt einen bunt gemischten Blattsalat mit vielen Kräutern servieren.

Käse im Brotkästchen

Ein fabelhafter Käsegang, aber auch – als größere Portion – ein schönes Käsegericht. Und nebenbei auch ein fantastisches Versteck für Käsereste ... Baguette in fünf Zentimeter dicke Scheiben schneiden. Jede Scheibe so aushöhlen, dass dabei ein Boden stehen bleibt oder nur die Krume zusammendrücken, damit Platz für den Käse entsteht: Mit der Rinde rundum und der Brotkrumenschicht am Boden entsteht so das Kästchen. Gewürfelten Käse (es können prima auch Reste sein) dorthinein füllen, hoch aufhäufen! Dann im Ofen bei 200 °C ca. zehn Minuten backen, bis der Käse schmilzt. Mit einem kleinen Salat als Erfrischung servieren.

Käsefondue aus dem Stand

Das ist Fastfood beziehungsweise Fertigkost, wie wir sie lieben: Dieses Käsefondue steht wirklich im Handumdrehen auf dem Tisch. Man kauft beim Käsehändler einen Vacherin Mont d`or, jenen cremigen Käse, der in einer Spanschachtel gereift ist. Vor dem Essen stellt man die gesamte Schachtel für einige Minuten in den 200 °C heißen Ofen, bis der Käse im Innern schmilzt. Dann die Rinde oben mit einem spitzen Messer rundum einschneiden und abheben. Jetzt kann man den schmelzend weichen Käse mit einem Löffel herauslöffeln. Dazu Pellkartoffeln servieren, Gürkchen und anderes sauer eingelegtes Gemüse – einfacher und köstlicher kann man seine Gäste nicht bewirten!

Weihnachts-
bäckerei

Weihnachtsbäckerei:

Süßes für die Vorweihnachtszeit

Alle Jahre wieder – natürlich wollen wir auch dieses Jahr wieder zu Weihnachten backen. Dem einen macht es einfach Spaß, auf diese Weise Weihnachtsstimmung ins Haus zu holen, die anderen legen Wert auf ganz traditionelles oder auch ausgefallenes Gebäck. Die festliche Stimmung entsteht sofort, wenn es nach Nelken, Zimt und gerösteten Nüssen duftet. Tatsächlich dreht sich diesmal bei uns alles um Nüsse: Wir backen mit Haselnuss, Walnuss und Mandelkern. Aber beginnen erst mal mit dem schnell gemachten

Gefüllter Pinienapfel

Eine entzückende Tischdekoration oder auch ein hübsches Mitbringsel, wenn man in der Vorweihnachtszeit eingeladen ist. Man braucht einen möglichst großen reifen Pinienzapfen, dessen Schuppen bereits schön aufgesprungen sind. Dort hinein steckt man bunte Schokolinsen oder die besonders hübschen Schokoplätzchen, die mit Liebesperlen besetzt sind.

Cantuccini

Dieses köstliche Mandelgebäck kann man fabelhaft auf Vorrat backen, es hält sich in einer gut schließenden Blechdose wochenlang.

1 Die Mandeln in einer Pfanne unter Rühren oder auf einem Blech im auf 175 °C vorgeheizten Backofen kurz anrösten und zur Seite stellen.

2 In einer breiten Schüssel 3 Eigelb mit dem Zucker und dem Vanillezucker verrühren.

3 Eiweiß mit der Prise Salz zu steifem Schnee schlagen. Portionsweise unter die Eigelbmasse ziehen. Dann die abgeriebene Schale der Zitrone und die gerösteten, inzwischen etwas abgekühlten Mandeln untermischen.

4 Das mit dem Backpulver vermischte Mehl über die Masse sieben. Alles mit der Hand zu einem Teig verkneten, eventuell mehr Mehl einarbeiten.

5 Vier Teigrollen mit einem Durchmesser von je ca. zwei Zentimetern formen und auf das mit Backpapier oder Backfolie belegte Blech legen. Teigrollen etwas flach drücken, damit die Cantuccini später die typische ovale Form erhalten.

6 Im vorgeheizten Backofen bei 180 °C (Heißluft; 200 °C Ober- und Unterhitze) etwa 35 Minuten backen, bis die Oberfläche leicht gebräunt ist. Herausnehmen und die Rollen sofort, also noch heiß, mit einem scharfen Messer schräg und möglichst exakt in höchstens einen Zentimeter breite Scheiben schneiden.

7 Diese Kekse jetzt alle noch einmal auf dem Blech ausbreiten, diesmal mit der Schnittfläche nach oben, und bei gleicher Hitze weitere fünf bis acht Minuten bräunen.

ZUTATEN

Für etwa 70 Stück:

200 g Mandeln
3 Eier
250 g Zucker
3 EL Vanillezucker (das Ausgekratzte einer Vanilleschote, vermischt mit 3 EL Zucker)
1 Prise Salz
geriebene Schale einer unbehandelten Zitrone
etwa 400 g Mehl
1/2 Päckchen Backpulver (wenn möglich Weinsteinbackpulver, das schmeckt man nicht)

Christstollen

Diesmal haben wir ein Rezept von unserer Freundin Josi ausprobiert: ein Stollen, der besonders saftig ist und der vor allem denen gefallen wird, die sich vor Hefeteig fürchten.

ZUTATEN

Für zwei Stollen:

Füllung:
125 g Korinthen
125 g Rosinen
100 g Zitronat
100 g Orangeat
ca. 0,1 l Cognac
150 g gehackte Mandeln

Brandteig:
1/4 l Wasser
100 g Butter
125 g Weizenmehl
3 Eier
25 g Zucker

1 Am besten bereits am Vortag Korinthen, Rosinen und die möglichst exakt gewürfelte Sukkade (Zitronat und Orangeat) in einer Schüssel mit Cognac bedecken und einweichen. Die Mandeln in einer Pfanne oder auf einem Blech im 200 °C heißen Backofen ca. acht bis zehn Minuten rösten, bis sie duften.

2 Für den Brandteig das Wasser mit der Butter in einer Kasserolle zum Kochen bringen. Den Topf vom Herd nehmen, das gesiebte Mehl auf einmal hineinschütten und sofort mit einem Kochlöffel rühren, bis ein glatter Kloß entsteht. Anschließend den Topf wieder auf den Herd setzen, den Teigkloß eine Minute lang unter Rühren erhitzen, bis ein weißer Film den Topfboden bedeckt. Jetzt den Kloß in eine Schüssel geben und nach und nach die Eier und zum Schluss den Zucker darunterrühren.

3 Für den Rührteig die Butter mit dem Schneebesen schaumig rühren, dabei den Zucker zufügen. So lange schlagen, bis die Masse ganz hell und dick geworden ist. Die Vanilleschote aufschlitzen, das Mark herauskratzen und mit dem Bittermandelöl, der Zitronenschale, allen Gewürzen, dem ganzen Ei sowie dem Eigelb unterrühren.

4 Das Mehl mit dem Backpulver vermischen und durchsieben. Die Hälfte davon esslöffelweise unter die Eiercreme rühren. Die restliche Hälfte auf der Arbeitsfläche flach verteilen. Darauf den Brandteig und den Rührteig geben und miteinander verkneten, dabei so viel Mehl von der Arbeitsfläche einarbeiten, dass der Teig nicht klebt. Jetzt die eingeweichten Korinthen, Rosinen, gerösteten Mandeln und Sukkade unterkneten. Dabei, wenn nötig, noch etwas mehr Mehl einarbeiten.

5 Zwei längliche Laibe aus dem Teig formen und ihnen die typische Stollenform geben. Nebeneinander auf ein mit Backpapier oder Backfolie belegtes Blech legen und in den auf 200 °C (Heißluft; 220 °C Ober- und Unterhitze) vorgeheizten Backofen schieben. Nach 10 Minuten die Temperatur auf 160 °C (Ober- und Unterhitze 180 °C) herunterschalten und noch ca. 50 Minuten backen.

6 Die Stollen, solange sie noch warm sind, zweimal mit flüssiger Butter einpinseln und jedes Mal dick mit Puderzucker bestäuben. Nach dem Abkühlen dicht in Alufolie einpacken und mindestens vier Wochen an einem kühlen Ort lagern.

Rührteig:
200 g Butter
100 g Zucker
1 Vanilleschote
1 Prise Salz
4 Tropfen Bittermandelöl
abgeriebene Schale von
1/2 unbehandelten Zitrone
je 1 Messerspitze gemahlener Kardamom, Nelke und Muskatblüte
1 Ei
1 Eigelb
400-450 g Weizenmehl
1 Päckchen Backpulver

Außerdem:
Mehl für die Arbeitsfläche
100 g Butter zum Bestreichen

Rumänischer Cozonac

ZUTATEN

Für einen Laib:

Hefeteig:
400 g Mehl
1 Hefewürfel
125 ml warme Milch
80 g Zucker
100 g Butter
1 Prise Salz
2 Eigelb

Füllung:
250 g Haselnüsse
5 Eiweiß
200 g Zucker
Schale einer Zitrone
1 Vanillestange
1 EL Cognac oder Rum
1 EL Walnussöl
100 g Rosinen
2 Eigelb
2-3 EL Sahne (oder Milch)
2-3 EL Hagelzucker

Das Rezept für dieses traditionelle rumänische Weihnachtsbrot hat uns ein Zuschauer geschickt und wir sind ganz begeistert. Es ist wundervoll saftig und man kann es gleich verspeisen, muss also nicht erst Wochen darauf warten, bis es richtig durchgezogen ist.

1 Das Mehl in die Rührschüssel der Küchenmaschine geben. Die Hefe in etwas Milch mit einem Teelöffel Zucker auflösen, ins Mehl kippen und unter einem Tuch etwa 15 Minuten gehen lassen.

2 Die restliche Milch leicht erwärmen, den restlichen Zucker unterrühren und die Butter damit auflösen, dabei die Prise Salz zufügen.

3 Die Maschine einschalten und die Knethaken langsam arbeiten lassen, dabei diese Milchmischung hinzugießen sowie die Eigelb zufügen. Der Teig ist richtig, wenn er sich vom Schüsselrand löst. Ist er zu klebrig, ein, zwei Esslöffel Mehl einarbeiten. Ist er zu fest, einen Löffel Milch zufügen.

4 Den Teig in eine mit Mehl ausgestreute Schüssel legen und gut zugedeckt an einem warmen Ort etwa eine Stunde gehen lassen.

5 Für die Füllung die Haselnüsse auf einem Blech verteilen und bei 200 °C im Backofen etwa 10 Minuten rösten. Dann auf ein Tuch kippen und sie darin kräftig rubbeln: So verlieren die Nüsse einen Großteil ihrer braunen Haut. Außerdem entwickeln sie einen betörenden Duft und Geschmack. Dann erst im Zerhacker oder in der Mühle mahlen.

6 Die Eiweiß mit etwa der Hälfte des Zuckers in einer großen Schüssel langsam steif schlagen. Der Schnee soll dicht und kompakt wirken, er darf nicht pludrig und wolkig aussehen.

7 In einer zweiten großen Schüssel den restlichen Zucker mit den gemahlenen Haselnüssen, der abgeriebenen Zitronenschale und dem Mark aus der Vanillestange vermischen. Nach und nach den Eischnee unterrühren, bis eine cremige Paste entsteht. Am Ende Walnussöl, Cognac sowie die Rosinen unterrühren.

8 Den Teig ca. 1 cm dick zu einem Rechteck von der Breite einer Kastenform ausrollen, mit der Füllung gleichmäßig bestreichen und aufwickeln. In die ausgebutterte Form setzen und noch einmal eine halbe Stunde gehen lassen. Erst dann bei 180 °C (Heißluft/ 200 °C Ober- und Unterhitze) ca. 50-60 Minuten backen.

9 Zehn Minuten vor Ende der Backzeit den Cozonac aus dem Ofen holen, die Oberfläche mit Eigelb bestreichen, das mit Sahne (oder Milch) verquirlt wurde, und mit Hagelzucker bestreuen. Noch einmal für die letzten zehn Minuten in den Ofen schieben.

10 Der Cozonac schmeckt ganz frisch wunderbar, lässt sich aber auch gut ein paar Tage aufheben – die Füllung hält ihn schön saftig.

Walnusstorte

ZUTATEN

Für eine Springform von 24 cm Durchmesser (oder zwei kleinere, etwa mit 18 cm und mit 12 cm):

Mürbeteig:
380 g Mehl
250 g Butter
200 g Zucker
1 Prise Salz
1 ganzes Ei
1 Eiweiß

Füllung:
250 g Zucker
400 g Walnüsse
100 g Honig
125 ml Sahne
1 EL winzig fein gehackte frische Rosmarinnadeln

Außerdem:
Butter zum Einfetten
Mehl für die Arbeitsfläche
1 Eiweiß zum Einpinseln und Festkleben
2 Eigelb und 3 EL Sahne oder Milch zum Bestreichen

Ein unglaublich köstlicher Kuchen, ein Klassiker unter den Nusstorten – allerdings mit etwas abgewandeltem Rezept: Wir würzen die Nüsse mit winzig fein gehacktem, frischem Rosmarin. Das schmeckt verblüffend gut! Die Nusstorte mundet übrigens wie ein Stollen umso besser, je länger sie hat durchziehen dürfen. Man sollte sie also rechtzeitig backen – und dann vor gierigen Fingern verbergen ... Tipp: Man kann statt der Walnüsse übrigens auch Pecannüsse verwenden!

1 Das Mehl auf die Arbeitsfläche häufen, in die Mitte eine Vertiefung drücken und dorthinein die Butter in Würfeln, den Zucker, die Prise Salz, das ganze Ei und das Eiweiß geben. Mit den Händen rasch zu einem festen Teig kneten. Zu einer Kugel geformt und in einen Plastikbeutel gewickelt eine halbe Stunde kalt stellen.

2 In der Zwischenzeit für die Füllung den Zucker in einer beschichteten Pfanne schmelzen. Die Nüsse grob hacken und in den goldenen Karamell rühren, den Honig sowie die fein gehackten Rosmarinnadeln untermischen und schließlich die Sahne angießen. Bei milder Hitze alles gut mischen.

3 Den Teig in zwei Portionen teilen (eine etwas größer als die andere) und für den Boden die größere Portion auf Klarsichtfolie dünn ausrollen. Die ausgebutterte Form damit auskleiden, dabei den Rand rundum etwas überstehen lassen.

4 Die Nussfüllung darauf verteilen und glatt streichen; den überstehenden Teig über der Füllung zusammenklappen. Den restlichen Teig noch dünner ausrollen als den Boden. Als Deckel auf die Oberfläche legen und rundum am Rand gut festdrücken. Aus Teigresten Sterne ausstechen und auf dem Teigdeckel – mit Eiweiß festgeklebt – als Dekoration anbringen. Zum Schluss Eigelb mit Sahne (Milch) glatt rühren und die gesamte Oberfläche damit bestreichen.

5 Bei 200 °C im vorgeheizten Ofen (Ober- und Unterhitze) 35-40 Minuten backen, bis die Nusstorte goldbraun geworden ist.

6 Vor dem Anschneiden mindestens vier, fünf Tage durchziehen lassen. Zum Aufbewahren in Alufolie wickeln oder in einer großen Blechdose verschließen.

Weihnachts-menü

Weihnachtsmenü:

Das Festessen unterm Weihnachtsbaum

Unser Weihnachtsmenü: Es soll natürlich festlich und etwas Besonderes sein! Viel her-, aber bitte doch nicht so schrecklich viel Arbeit machen! Und sich bequem vorbereiten lassen. Die berühmte Quadratur des Kreises! Wir empfehlen: Garnelenterrine auf buntem Salat. Schweinefilet im Schlafrock. Und zum Nachtisch eine lauwarme Apfeltarte mit Lorbeereis. Klingt verrückt? Sehen Sie selbst!
Auch das Einkaufen für die Feiertage, das ganz schön unter Stress setzen kann, ist hier kein Problem, wenn man es richtig organisiert. Mittelpunkt unseres Weihnachtsmenüs ist ein zartes Schweinefilet, das einige Tage in würziger Olivenöl-Beize marinieren darf. Dadurch wird das Fleisch noch zarter, und Sie können es darin völlig problemlos einige Tage im Kühlschrank aufbewahren. So kann man schon vor den Feiertagen einkaufen und bringt sich nicht zusätzlich in Stress. Auch alle anderen Zutaten können rechtzeitig besorgt werden und vertragen die Wartezeit ohne Schwierigkeiten.

Garnelenterrine

ZUTATEN

Für vier Personen:

1 kleiner Brokkoli (ca. 150 g)
Salz
4 äußere Blätter einer Lauchstange
300 g Garnelen (roh, tiefgekühlt, möglichst geschält)
70 g frischer, grüner, fetter Speck
1 walnussgroßes Stück Ingwerwurzel
2 Knoblauchzehen
1 rote Chilischote (nach Gusto scharf oder mild)
1 Tasse Korianderblätter (wenn möglich mit Wurzel)
1 dünne Frühlingszwiebel
Zucker
Pfeffer
1 EL Sojasauce
1 TL chinesisches Sesamöl
etwas Zitronenschale

Die muss man unbedingt bereits ein, zwei Tage vorher zubereiten, damit sie im Kühlschrank durchziehen, durchkühlen und fest werden kann.

1 Den Brokkoli in kleine, hübsche Röschen zerlegen, die Stiele schälen und möglichst akkurat würfeln. In Salzwasser blanchieren, die Stiele zuerst, dann die Röschen, die viel schneller gar sind. In Eiswasser abkühlen. Im Blanchierwasser auch die Lauchblätter eine Minute kochen, dann eiskalt abschrecken.

2 Für die Farce die Garnelen auftauen: In eine Schüssel geben und mit kochendem Wasser bedecken. Nach 30 Sekunden abgießen und in einem Sieb kalt abbrausen. Abtropfen und weiter auftauen lassen, bis alle weiteren Vorbereitungen erledigt sind.

3 Den Speck würfeln, mit zerkleinertem Ingwer, Knoblauch, entkernten Chilis, den von den Stielen gezupften Korianderblättern und ihrer Wurzel sowie der Frühlingszwiebel im elektrischen Zerhacker pürieren. Dabei etwa ein Drittel der Garnelen mitmixen. Die restlichen Garnelen mit einem Messer hacken, damit Stückchen erhalten bleiben, und unter die Speckmasse mischen. Diese Farce gut abschmecken: Mit Salz, Zucker, Pfeffer, mit Sojasauce und Sesamöl sowie etwas Zitronenschale.

4 Eine Kastenform (350-400 ml Inhalt) nehmen und die Lauchblätter in der Länge exakt darauf zuschneiden. Klarsichtfolie zum Auskleiden der Form ausbreiten und drei Lauchblätter so darauf auslegen, dass sich über Boden und Seitenwände jeweils eines der Blätter ziehen wird. Form mit der Folie auskleiden.

5 Ein Drittel der Garnelenpaste auf dem Boden verstreichen. Die Brokkoliröschen und -würfel dekorativ daraufsetzen, ein wenig eindrücken, damit sie in der Paste versinken. Alles mit der restlichen Paste zudecken und diese glatt streichen. Auf die Oberfläche das letzte Blatt Lauch legen und die Folie darüber zusammenfalten, sodass die Terrine gut verschlossen ist.

6 Die Kastenform in einen ausreichend großen, mit heißem Wasser gefüllten Topf auf einen Untersatz stellen. Bei mittlerer Hitze das Wasser zum Kochen bringen und leise wallend unter dem Siedepunkt halten. Die Terrine so ca. 20 Minuten gar ziehen lassen. Herausnehmen und abkühlen lassen. Anschließend in den Kühlschrank stellen, wo sie einen, besser sogar zwei Tage durchziehen soll.

7 Zum Servieren die Salatblätter waschen und abtropfen lassen, Stiele entfernen und große Blätter zerzupfen. Aus Olivenöl, Apfelessig, Senf, Honig, Salz und Pfeffer mit dem Schneebesen oder einer Gabel eine Marinade rühren. Die Blätter ganz kurz darin wenden, abtropfen und als Kranz auf großen Tellern verteilen. Die Garnelenterrine aus ihrer Form stürzen, aus der Folie wickeln und mit einem scharfen Messer in fingerdicke Scheiben schneiden. In der Tellermitte anrichten.

8 Die Eier in 8 bis 9 Minuten hart kochen, pellen, mit einer Reibe zerkleinern und dekorativ über den Teller verteilen. Eventuell auch Radieschenstifte über den Teller hobeln. Sofort servieren.

BEILAGE

Die im Backofen golden gerösteten Ciabattascheiben.

GETRÄNK

Ein kräftiger Weißburgunder oder auch ein Ruländer (Grauburgunder) aus Baden. Oder, das findet man inzwischen immer häufiger, ein weiß gekelterter Spätburgunder – also Pinot Noir Blanc de Noir. Das macht man traditionell in der Champagne: Man lässt den Saft nicht auf den Schalen mazerieren, wodurch er sich rot färbt, sondern presst die frisch gequetschten Trauben schnell ab. Es ist also ein weißer oder sehr heller Weißherbst. Das erlaubt uns, das ganze Menü mit Spätburgunder zu begleiten! Wir haben übrigens einen Wein vom Bodensee gewählt, vom Weingut Aufricht in Meersburg.

Salat:
2 großzügige Handvoll bunt gemischter Salatblätter: Feldsalat, Frisée, Radicchio, Rucola, Chicoree o.Ä.
4 EL Olivenöl
3 EL Apfelessig
1 EL scharfer Senf
1 TL Honig
Salz, Pfeffer

Außerdem:
2 Eier
eventuell 3-4 Radieschen
4 hauchdünne Scheiben Ciabatta (längs aufgeschnitten)

Schweinefilet im Schlafrock

ZUTATEN

Für vier bis sechs Personen:

1 ganzes Schweinefilet (600 g)
2-3 Knoblauchzehen
1 TL Pfefferkörner
1 Zitrone
je 2-3 Rosmarin- und Thymianzweige
ca. 150 ml Olivenöl

Wir nehmen das Filet eines „glücklichen“ Schweins, einer Schwäbisch-Hällischen Sau oder von einem Bentheimer Schwein – das ist zwar etwas teurer, dafür aber auch garantiert besser. Dieses Fleisch bietet nicht nur mehr Geschmack, man hat einfach mehr davon und es ist auch wesentlich bekömmlicher und gesünder! Damit es noch zarter und mürber wird und die Zeit bis zum Festtag besser übersteht, legen wir es in eine Marinade aus Olivenöl und Kräutern ein.

1 Wenn nötig, das Schweinefilet zunächst sorgsam parieren, das bedeutet alle Häute, Sehnen und Fettpartikel entfernen. Anschließend Knoblauch schälen und fein würfeln, die Pfefferkörner mit dem Fleischklopfer zerdrücken und zusammen mit der abgeriebenen Schale einer halben Zitrone sowie den von den Stielen gestreiften Kräutern in einen Gefrierbeutel füllen. Das Fleisch und das Öl zufügen. Den Beutel so drehen und wenden, dass das Fleisch vollkommen vom Öl umgeben ist und keine Luft im Beutel steckt. Beutel mit einer Klammer verschließen. So kann man das Fleisch beruhigt mehrere Tage im Kühlschrank durchziehen lassen.

2 Am Festtagmorgen kann man bereits das Fleisch für den Abend vorbereiten:
Zum Einpacken des Filets den Wirsing zerlegen und hässliche, welke oder beschädigte Außenblätter entfernen. Vier bis sechs Blätter zum Einwickeln abtrennen, die dicken Strunkteile herausschneiden. Die Blätter in Salzwasser blanchieren und eiskalt abschrecken, damit sie ihre schöne grüne Farbe behalten.

3 Den restlichen Wirsing in feine Streifen schneiden, eventuell ebenfalls im Salzwasser kurz blanchieren. Kurz vor dem Servieren in etwas Butter an- und mit einem guten Schuss Sahne weich dünsten. Sehr kräftig mit Salz, Pfeffer, Muskatblüte und Cayennepfeffer abschmecken.

4 Das Schweinefilet aus der Marinade heben und mit reichlich anhaftendem Öl in einer heißen Pfanne rundum anbraten. Herausnehmen und beiseite stellen. Im Bratfett die feingewürfelten Zwiebeln für die Farce andünsten und etwas abgeriebene Zitronenschale sowie die gehackten oder in Scheibchen geschnittenen Champignons zufügen. Alles zugedeckt ca. zehn Minuten weich dünsten. Mit etwas Neuilly Prat ablöschen. Dann den gesamten Pfanneninhalt mit dem gewürfel-

ten gekochten Schinken (mit Fettrand!) und ca. 100 Gramm Schmand oder Sahne in den elektrischen Zerhacker füllen und pürieren, nach Belieben auch einige Thymianblättchen und Rosmarinnadeln mitmixen. Diese Farce oder Creme mit Salz, Pfeffer, Muskatblüte und Cayennepfeffer sehr kräftig abschmecken.

5 Zum Einwickeln den Strudelteig bzw. die Filoteigblätter auf der Arbeitsfläche ausbreiten. In die Mitte die abgetupften Wirsingblätter legen – als eine so große Fläche, dass das Filet damit eingehüllt werden kann. Die Blätter mit der Schinkencreme bestreichen und darauf das angebratene Schweinefilet betten. Die leergebliebene Teigfläche mit Milch einpinseln.

6 Zuerst die Seiten einklappen, dann das Filet in den Teig wickeln, sodass eine schöne, gleichmäßige Rolle entsteht. Das Ei mit der restlichen Milch verquirlen und das Paket damit einpinseln.

7 Im vorgeheizten Ofen bei 180 °C (Heißluft, 200 °C Ober-/Unterhitze) 25 bis 30 Minuten backen, bis der Teig goldbraun und knusprig ist. Einige Minuten ruhen lassen, bevor angeschnitten wird. Zum Servieren schräg in knapp zweifingerdicke Scheiben schneiden.

BEILAGE

Eigentlich sind der Schlafrock, also die Teighülle, und der Wirsing die Beilage. Wer befürchtet, dass das nicht reicht, serviert dazu einen Klecks sahniges Kartoffelpüree. Besonders hübsch sieht es aus, wenn man zuerst das Püree auf der Tellermitte verstreicht, darauf den Sahnewirsing häuft und darauf wiederum die Schweinefiletscheiben bettet.

GETRÄNK

Natürlich ein festlicher, gehaltvoller Wein – ein kräftiger, fruchtiger Spätburgunder aus Franken, genauer aus dem Taubertal (Weingut Hofmann in Röttingen). Ein Chianti Classico Riserva ginge natürlich auch.

Zum Einpacken in den Schlafrock:
1 Wirsingkopf (ca. 800 g)
Salz
75 g Butter
1 Schuss Sahne
Pfeffer
Muskatblüte
Cayennepfeffer
1 große oder 2 kleine Zwiebeln
abgeriebene Zitronenschale
300 g Champignons
2-3 EL Neuilly Prat (weißer französischer, trockener Wermut)
150 g gekochter Schinken
150 g Sahne oder Schmand
1 Paket Strudelteig oder
3-4 Filoteigblätter (vom Türken)
ca. 1/8 l Milch
1 Ei

Lauwarme Apfeltarte mit Lorbeereis

Die Tarte hat einen dünnen, herrlich knusprigen Boden aus zuckrigem Mürbeteig. Man kann den Kuchen bereits am Nachmittag fertig machen. Damit er wirklich lauwarm serviert wird, kommt er vor dem Aufschneiden noch mal auf seinem Blech kurz in den Ofen. Das Lorbeereis klingt verrückt, schmeckt aber sehr geheimnisvoll. Lassen Sie Ihre Gäste erst rätseln, bevor Sie ihnen verraten, wonach das Eis schmeckt. Jede Wette, dass niemand drauf kommt!

ZUTATEN

Für 1 Springform von 26-30 cm Durchmesser (vier bis sechs Personen):

Mürbeteig:
220 g Mehl
100 g Butter
70 g Zucker
1 Prise Salz
1 Eigelb
1-2 EL saure Sahne

Belag:
5-6 mittelgroße Äpfel (Elstar, Boskop oder Rubinette)
1 Zitrone
60 g Walnüsse
80 g brauner Rohrzucker
1 EL frische Rosmarinnadeln
1-2 frische rote Chilischoten
50 g Butter

1 Für den Mürbeteig das Mehl auf die Arbeitsfläche häufen. Butter in Würfeln darauf verteilen, ebenso den Zucker und die Prise Salz. Das Eigelb und die saure Sahne zufügen. Mit den Händen alles rasch mischen und lose zu einem Teig verkneten – nicht zu lange kneten, sonst wird die Butter zu weich und der Teig schmierig.

2 Den Teig zu einer Kugel formen, in einen großen Gefrierbeutel stecken und eine halbe Stunde lang kalt stellen. Dann den Beutel aufschlitzen und zur ganzen Fläche ausbreiten (wenn man einen sehr großen Beutel verwendet, kann man den Teig evtl. auch zwischen den beiden Folien ausrollen), und den Teig darauf dünn ausrollen. Auf diese Weise lässt sich die dünne Teigplatte anschließend ganz einfach auf die zuvor gut ausgefettete Form transportieren. (Wenn man zwischen den beiden Folien ausgerollt hat, natürlich die obere Folie entfernen, bevor man die Teigplatte über die Form stürzt). Den Teig in der Form rundum gut festdrücken – der Rand braucht nicht sehr weit hochgezogen zu werden.

3 Die Äpfel schälen, vierteln und vom Kerngehäuse befreien. Die Viertel nun auf einem Gurkenhobel in gleichmäßig dünne Scheiben hobeln. Sofort mit abgeriebener Zitronenschale und mit Zitronensaft vermischen – als Würze und damit die Äpfel sich nicht verfärben.

4 Die Walnüsse mit der Hälfte des Zuckers und den Rosmarinnadeln im elektrischen Zerhacker mahlen und diese Mischung auf dem Teigboden verteilen. Darauf schön akkurat die Apfelscheiben verteilen, dicht an dicht und überlappend, sodass ein schönes Muster entsteht. Den restlichen Zucker und sehr fein gewürfelte Chili mischen. Gleichmäßig über die Oberfläche streuen und Butterflöckchen darauf verteilen.

TIPP:

Wer keine Eismaschine hat, lässt die Sahne zunächst weg, schlägt sie stattdessen steif und rührt sie unter die abgekühlte Eiercreme. Diese Masse in eine mit Klarsichtfolie ausgelegte Kastenform füllen und im Gefrierfach fest werden lassen.

5 Bei 200 °C (Heißluft, 220 °C Ober-/ Unterhitze) auf der untersten Schiene im vorgeheizten Backofen ca. 30 Minuten backen.

6 Für das Lorbeereis die Milch mit der Sahne aufkochen, dann Salz, Vanillezucker sowie die Lorbeerblätter zufügen. Vom Herd nehmen und zehn Minuten ziehen lassen. In der Zwischenzeit die Eigelb mit dem Zucker in einer Metallschüssel über heißem Wasserdampf dick und cremig schlagen. Nun langsam die heiße Milch zufügen und dann alles zurück in den Topf schütten. Nochmals erhitzen, dabei ständig rühren, damit die Eigelb nicht gerinnen. Abkühlen lassen und schließlich in der Eismaschine gefrieren.

7 Zum Servieren die Apfeltarte nochmals kurz in den heißen Ofen schieben, damit sie lauwarm wird. In Tortenstücke schneiden und auf Tellern anrichten. Vom Lorbeereis jeweils eine oder zwei Kugeln darauf und/oder daneben setzen. Sofort servieren.

Lorbeer-Eis:
1/4 l Milch
1/4 l Sahne
1 Prise Salz
1 EL Vanillezucker
4-5 frische Lorbeerblätter
3 Eigelb
3 EL Zucker

GETRÄNK

Champagner oder ein deutscher Winzersekt aus Spät- (und Weiß-) burgundertrauben – zum Beispiel von der Schwäbischen Alb, nämlich den Pinot vom Weingut Dolde in Frickenhausen-Linsenhofen.

Register

KOCHEN MIT

DIE BÜCHER AUS DER TV-KÜCHE VON MARTINA

Folgende Begleitbücher zur *WDR Servicezeit: Essen & Trinken* sind bereits erschienen:

LAUTER LEIBGERICHTE

208 Seiten, Laminierter Pappband
ISBN 978-3-8025-1626-9
€ 22,– (D) / € 22,70* (A) / sFr 38,90*

EINFACH DAS BESTE!

208 Seiten, Laminierter Pappband
ISBN 978-3-8025-1678-8
€ 22,– (D) / € 22,70* (A) / sFr 38,90*

KOCHEN MIT LEIDENSCHAFT

208 Seiten, Laminierter Pappband
ISBN 978-3-8025-3524-6
€ 22,– (D) / € 22,70* (A) / sFr 38,90*

ALLES, WAS WIR MÖGEN

208 Seiten, Laminierter Pappband
ISBN 978-3-8025-3600-7
€ 22,– (D) / € 22,70 (A) / sFr 38,90*